LLAVES DEL CRECIMIENTO ESPIRITUAL

Descubra los tesoros de Dios

JOHN MACARTHUR

EDITORIAL
PORTAVOZ

La misión de *Editorial Portavoz* consiste en proporcionar productos de calidad —con integridad y excelencia—, desde una perspectiva bíblica y confiable, que animen a las personas a conocer y servir a Jesucristo.

Título del original: *The Keys to Spiritual Growth*, © 1991 por John F. MacArthur, Jr. y publicado por Crossway, 1300 Crescent Street, Wheaton, Illinois 60187. Traducido con permiso.

Edición en castellano: *Llaves del crecimiento espiritual* © 2014 por Editorial Portavoz, filial de Kregel Publications, Grand Rapids, Michigan 49505. Todos los derechos reservados.

Traducción: Juan Sánchez Araujo

EDITORIAL PORTAVOZ
2450 Oak Industrial Dr. NE
Grand Rapids, Michigan 49505 USA
Visítenos en: www.portavoz.com

ISBN 978-0-8254-1836-5 (rústica)
ISBN 978-0-8254-6454-6 (Kindle)
ISBN 978-0-8254-8605-0 (epub)

1 2 3 4 5 / 18 17 16 15 14

Impreso en los Estados Unidos de América
Printed in the United States of America

Para
Matthew, Marcy, Marc y Melinda,

*mis queridos hijos, cuyo crecimiento espiritual
constituye el interés principal de mi vida, y cuya madurez
será mi mayor alegría en este mundo.*

"Hasta que todos lleguemos a la unidad de la fe y del conocimiento del Hijo de Dios, a un varón perfecto, a la medida de la estatura de la plenitud de Cristo; para que ya no seamos niños fluctuantes, llevados por doquiera de todo viento de doctrina, por estratagema de hombres que para engañar emplean con astucia las artimañas del error, sino que siguiendo la verdad de amor, crezcamos en todo en aquel que es la cabeza, esto es, Cristo".

Efesios 4:13-15

"Antes bien, creced en la gracia y el conocimiento de nuestro Señor y Salvador Jesucristo. A él sea gloria ahora y hasta el día de la eternidad. Amén".

2 Pedro 3:18

Contenido

AGRADECIMIENTOS

Quiero dar las gracias al Dr. Lowell Saunders, que preparó la primera edición de este libro hace ya muchos años; así como a Dave Enos, Allacin Morimizu y Phil Johnson, los cuales han ayudado con la presente revisión.

INTRODUCCIÓN

Últimamente no oímos hablar mucho acerca del crecimiento espiritual. Muchos creyentes en nuestra sociedad se han dejado desviar por enseñanzas diversas que prometen poder, energía sobrenatural y éxito sin tener que pasar por el proceso de crecimiento para alcanzar la madurez cristiana. Están buscando experiencias espectaculares, puntos de inflexión trascendentes, soluciones instantáneas para sus problemas espirituales; pero la victoria real y duradera no se obtiene por esos medios. El plan de Dios es que alcancemos la madurez a través de un proceso continuo de crecimiento.

El hecho de que la iglesia contemporánea haya dejado de dar importancia al crecimiento espiritual está produciendo frutos amargos. Millones de personas que se confiesan cristianas se ven afectadas por una atrofia en su desarrollo. Las iglesias están llenas de gente espiritualmente inmadura, sin discernimiento, débil y frágil: el subdesarrollo espiritual es la norma, no la excepción. Miles de individuos —quizá millones— dependen ahora de la "terapia" y, obviamente, prefieren confiar en los psicólogos antes que pasar por los rigores del verdadero discipulado cristiano y del crecimiento en la gracia.

Esto representa una seria amenaza para la iglesia. Hablando francamente, puede ser un síntoma de que algo anda terriblemente mal; ya que el crecimiento constituye uno de los signos esenciales de la vida tanto en el terreno físico como en el espiritual. Si no hay crecimiento es que tampoco existe vida verdadera. Allí donde no se observa crecimiento espiritual tenemos buenas razones para dudar de que haya vida cristiana.

¿Está usted creciendo? Si no es así —o no está contento con su ritmo de crecimiento—, este libro se ha escrito para usted.

De una cosa puede estar seguro: Dios quiere que todo cristiano alcance la madurez espiritual. Su Palabra nos manda que crezcamos "en la gracia y el conocimiento de nuestro Señor y Salvador Jesucristo" (2 P. 3:18). Esta es nuestra obligación... ¡y nuestro privilegio! Día tras día podemos avanzar hacia un conocimiento más pleno, elevado, personal y experimental de Dios y de Cristo. Nos es posible llegar, a través de su Palabra, al Dios que la escribió, y conocerlo a Él de un modo más íntimo.

Tengo la impresión de que muchas personas albergan ideas equivocadas acerca de la madurez espiritual: no están creciendo todo lo rápido que podrían hacerlo, o se encuentran atrapadas en un nivel muy inferior al que deberían estar, porque entienden mal lo que significa ser espiritualmente maduro y crecer en la gracia. He aquí algunas pautas para que no nos desviemos.

El crecimiento espiritual nada tiene que ver con nuestra posición en Cristo. Dios nos ve ya perfectos en su Hijo Jesús: estamos completos en Él (Col. 2:10). Tenemos todo lo que necesitamos en cuanto a la vida y la piedad (2 P. 1:3); somos nuevas criaturas (2 Co. 5:17); posicionalmente, gozamos de la perfección. Sin embargo, en la práctica, no damos la talla. El crecimiento es ese proceso mediante el cual lo que somos en Cristo se hace más y más real en nuestra experiencia diaria.

El crecimiento espiritual nada tiene que ver con el favor de Dios. Dios no nos quiere más porque seamos más espirituales. Algunos padres amenazan a sus hijos diciéndoles que el Señor no los amará si no se portan bien. Esto es ridículo: el amor de Dios por nosotros no depende de nuestro comportamiento. Aun cuando éramos "débiles", "impíos", "pecadores" y "enemigos" (Ro. 5:6-10), Dios demostró su amor hacia nosotros enviando a su Hijo a morir por nuestros pecados. Él no puede amarnos más simplemente porque estemos creciendo.

El crecimiento espiritual nada tiene que ver con el paso del tiempo. En el ámbito espiritual, la madurez no se mide por el calendario: es perfectamente posible que una persona haya sido cristiana durante cinco décadas y, sin embargo, aún sea un bebé en Cristo. Hace varios años leí, en la revista *Time*, una encuesta bíblica que se había llevado a cabo entre estudiantes de los últimos años de la escuela secundaria. Según estos, Sodoma y Gomorra eran amantes; Mateo, Marcos, Lutero y Juan escribieron los Evangelios; Eva fue creada de una manzana; y la burra de Acab se llamaba Jezabel. ¡Y no vaya usted a pensar que se trataba de estudiantes fuera de lo común! ¡Conozco a algunas personas ya jubiladas que podrían dar respuestas peores que esas!

El crecimiento espiritual nada tiene que ver con el conocimiento. No se pueden equiparar los hechos, los datos, la información o la inteligencia con la madurez espiritual. Es posible acertar el cien por cien de las preguntas de la encuesta de *Time* y, aun así, a menos que el resultado de su conocimiento sea una vida conforme al modelo de Cristo, no le servirá de nada. Una verdad que es incapaz de cambiar la vida y la conducta de las personas puede en realidad resultarles perjudicial, ya que en lugar de llevarlas a la madurez quizá las endurezca.

El crecimiento espiritual nada tiene que ver con la actividad. Algunas personas suponen erróneamente que los cristianos más maduros siempre son los más atareados; sin embargo, el activismo no conlleva necesariamente la madurez, ni puede ser sustituto de ella. De hecho, una actividad excesiva puede llegar a impedir aquello que resulta realmente decisivo y trascendental en la vida cristiana. Mateo menciona a un grupo de personas que suplicará ser aceptado por Cristo sobre la base de las obras maravillosas que realizaron; pero Él los rechazará (Mt. 7:21-23). El activismo no puede comprar la salvación ni producir la madurez espiritual.

El crecimiento espiritual nada tiene que ver con la prosperidad. Algunos exclaman: "¡Mire cómo me ha bendecido el Señor! Tengo mucho dinero, una preciosa casa, un buen automóvil y un trabajo seguro. ¿Ve cómo me ha prosperado Dios por haberlo honrado?". No crea usted tal cosa: Dios tal vez le haya permitido prosperar, pero eso no es muestra de crecimiento espiritual (2 Co. 12:7-10). Algunas personas se dedican de tal manera a buscar la prosperidad que descuidan todo lo demás; lo cual no supone un signo de madurez, sino más bien todo lo contrario.

Como ya hemos señalado, el crecimiento espiritual consiste simplemente en hacer coincidir nuestra práctica con la posición que disfrutamos en Cristo. Nuestra situación en el Señor es sublime.

Dios "juntamente con [Cristo] nos resucitó, y asimismo nos hizo sentar en los lugares celestiales con Cristo Jesús" (Ef. 2:6). No podríamos estar en una situación más exaltada. Posicionalmente somos perfectos; pero ahora el Señor quiere que vayamos reflejando progresivamente esa posición en nuestra propia experiencia: en esto consiste el crecimiento.

El crecimiento espiritual resulta decisivo. Llámelo como quiera: seguir la justicia (1 Ti. 6:11), ser transformado (Ro. 12:2), perfeccionar la santidad (2 Co. 7:1), proseguir a la meta (Fil. 3:14) o edificarse en la fe (Col. 2:7). El objetivo común de todos los cristianos consiste en ser "transformados… en la misma imagen" del Señor (2 Co. 3:18).

Crecer espiritualmente no es algo místico, sentimental, devocional, psicológico o una consecuencia de poner en práctica ciertos secretos inteligentes. Lo experimentamos a medida que vamos comprendiendo y practicando los principios que se nos dan en la Palabra de Dios. Sus bendiciones sin límite están guardadas en una cámara acorazada divina que se abre con facilidad utilizando una serie de llaves especiales, las cuales son el tema de este libro. ¡Dispóngase, pues, a abrir los tesoros de Dios en Cristo Jesús!

1

LA LLAVE MAESTRA

Presuposición

La Biblia está viva. La Epístola a los Hebreos dice que "la palabra de Dios es viva y eficaz, y más cortante que toda espada de dos filos; y penetra hasta partir el alma y el espíritu, las coyunturas y los tuétanos, y discierne los pensamientos y las intenciones del corazón" (He. 4:12). Para Pedro, la Palabra de Dios es "incorruptible... vive y permanece para siempre" (1 P. 1:23). Y Pablo se refiere a la Biblia como "la palabra de vida" (Fil. 2:16).

LOS SIGNOS VITALES DE LA BIBLIA

¿En qué sentido está viva la Palabra de Dios? La mejor forma de apreciarlo es comparándola con la decadencia, destrucción y corrupción que nos rodea. La muerte reina en este mundo. La tierra no es otra cosa que un enorme cementerio: todos están muriendo. Algunas personas piensan que aprovechan bien la vida, cuando en realidad lo único que hacen es deslizarse pendiente abajo, porque tanto sus cuerpos como su gloria se secarán y se marchitarán como la hierba (1 P. 1:24).

En contraposición a esto, la Biblia es inagotable, inextinguible y transmite vida: la muerte y la decadencia del sistema mundano no la afectan.

La Biblia está viva. Es siempre nueva. En cada generación y cada época demuestra su vitalidad y pertinencia. Sus riquezas son inagotables y sus profundidades insondables.

Hace algunos años decidí seleccionar un libro de la Biblia y leerlo, cada día, durante un mes. Creí que al cabo de treinta días conocería de veras el libro en cuestión. Empecé con uno relativamente breve: 1 Juan. Al cabo de aquellos treinta días descubrí que aún había cosas acerca de este libro que no sabía; de modo que continué leyéndolo durante un mes más. Pero, incluso entonces, pensé que no conocía 1 Juan tan bien como quisiera; así que amplié el plazo otros treinta días. ¿Sabe usted una cosa? La primera epístola de Juan aún conserva para mí misterios que ni siquiera he empezado a sondear: ¡cada vez que la leo me emociono!

Otra razón por la que decimos que la Biblia está viva es su actualidad. ¿Ha ojeado alguna vez sus viejos libros de texto de la escuela secundaria o la universidad? La mayoría se han vuelto anticuados: el progreso y los descubrimientos los han hecho obsoletos. Pero la Biblia sigue hablando de un modo tan perspicaz y concluyente en el siglo XXI como lo hacía en el siglo I.

La Biblia discierne los corazones: tiene una lucidez que nos impresiona. Es como una espada aguda de doble filo que disecciona las partes más íntimas de nuestro ser y juzga los pensamientos y las intenciones del corazón (He. 4:12). Nos revela exactamente lo que somos; razón por la cual aquellos que se aferran a su propio pecado no quieren leerla para no sentirse redargüidos. Estas son algunas razones por las que decimos que la Palabra de Dios está viva.

La Biblia da vida. La Palabra de Dios no solo *está viva*, sino que también *da vida*. El poder reproductor es una característica fundamental de la vida. Las palabras y los pensamientos meramente humanos no pueden impartir vida espiritual, pero la Palabra viviente de Dios sí es capaz de hacerlo: "Él, de su voluntad, nos hizo nacer por la palabra de verdad, para que seamos primicias de sus criaturas" (Stg. 1:18). El Espíritu Santo utiliza la Palabra para producir el nuevo nacimiento. La única manera de convertirnos en hijos de Dios es por medio de la Palabra de vida: "Así que la fe viene del oír, y el oír, por la palabra de Cristo" (Ro. 10:17, LBLA); "siendo renacidos, no de simiente corruptible, sino de incorruptible, por la palabra de Dios que vive y permanece para siempre" (1 P. 1:23).

Consideremos la parábola del sembrador que encontramos en Lucas 8. La Palabra de Dios es la semilla esparcida por el mundo (v. 11). Una parte cae junto al camino y el diablo la arrebata para que la gente no crea y se salve. ¿Cuál es la simiente que las personas deben recibir para ser salvas? La Palabra dadora de vida.

Jesús destacó la importancia de la Palabra en el proceso de regeneración: "El espíritu es el que da vida; la carne para nada aprovecha; las palabras que yo os he hablado son espíritu y son vida" (Jn. 6:63). El Espíritu divino utiliza la Palabra de Dios para producir vida.

La Biblia sostiene la vida espiritual. Como dijo el puritano Thomas Watson, son las Escrituras las que engendran y nutren la vida del creyente. Nacemos espiritualmente por medio de ellas y ellas nos alimentan llevándonos a la madurez. El consejo de Pedro es: "Desead, como niños recién nacidos, la leche espiritual no adulterada, para que por ella crezcáis para salvación" (1 P. 2:2).

¿Ha visto alguna vez a un bebé con hambre? No tiene ningún interés en que se le digan cosas, en jugar con nosotros o en que se le tome en brazos. Nada le satisface sino el alimento. Pedro nos dice que así de fuerte debería ser nuestro deseo de la Palabra.

Muchos cristianos no ansían la Palabra de ese modo; a consecuencia de lo cual están flacos y desnutridos, y padecen inanición espiritual. Estos necesitan recordar las palabras de Jeremías, cuando dice: "Fueron halladas tus palabras, y yo las comí; y tu palabra me fue por gozo y por alegría de mi corazón" (Jer. 15:16).

Pablo le recuerda a Timoteo esa misma verdad: "Si esto enseñas a los hermanos, serás buen ministro de Jesucristo, nutrido con las palabras de la fe y de la buena doctrina que has seguido" (1 Ti. 4:6).

La Palabra de Dios alimenta a los creyentes. La necesitamos como los bebés precisan de la leche; pero también debemos crecer a fin de tomar alimento sólido (He. 5:13-14).

La Biblia transforma las vidas. Pablo animaba a los efesios a renovarse en el espíritu de sus mentes (Ef. 4:23); y, en Romanos

12:2, el apóstol expresa que la renovación de nuestro entendimiento nos transforma. Aun siendo ya creyentes, necesitamos dejar que la Palabra nos cambie. No llegamos a ser perfectos cuando creemos: el Espíritu Santo todavía tiene mucho que hacer para moldearnos a la imagen de Cristo. Aún luchamos con nuestras pautas de vida pecaminosas (Ro. 7:15-25) y, solamente saturando nuestras mentes de la Palabra y viviendo en obediencia a sus principios, podemos modificar dichas pautas.

Muchos cristianos forcejean con el problema de cómo tener un mayor compromiso con el Señor. Participan en seminarios, leen libros, buscan determinados dones espirituales, consultan a psicólogos, escuchan programas de radio... hacen todo menos leer la Biblia. Sin embargo, si descuidamos la Palabra, pocos cambios experimentaremos, ya que solo el Espíritu Santo, obrando por medio de las Escrituras, puede llevarnos a la madurez en Cristo.

Pablo recordó esta verdad a los corintios cuando dijo: "Por tanto, nosotros todos, mirando a cara descubierta como en un espejo la gloria del Señor, somos transformados de gloria en gloria en la misma imagen, como por el Espíritu del Señor" (2 Co. 3:18). ¿De qué espejo estaba hablando? De las Escrituras, naturalmente. Según dice Santiago: "Si alguno es oidor de la palabra pero no hacedor de ella, este es semejante al hombre que considera en un espejo su rostro natural. Porque él se considera a sí mismo, y se va, y luego olvida cómo era" (Stg. 1:23-24). ¿Cómo llegamos a cambiar a la semejanza de Cristo? Cuando vemos la gloria de Jesucristo revelada en el espejo de las Escrituras, el Espíritu de Dios nos transforma en su misma imagen. He ahí la llave maestra para el crecimiento espiritual.

El puritano Philip Henry escribió:

La conversión nos lleva a la Palabra de Dios —que es nuestra piedra de toque— para que nos examinemos a nosotros mismos... como en un espejo para vestirnos (Stg. 1), como nuestra regla de conducta y trabajo (Gá. 6:16), como el agua para lavarnos (Sal. 119:9), como el fuego que nos calienta (Lc. 24), como la comida para alimentarnos (Job 23:12), como nuestra espada para luchar (Ef. 6), como consejera siempre que dudamos (Sal. 119:24), como el cordial que tomamos para reconfortarnos, como la herencia que nos enriquece.

NO HAY ATAJOS HACIA LA MADUREZ ESPIRITUAL

Muchos creyentes tratan de idear algún método rápido para alcanzar antes la madurez cristiana, pero esto no es posible. Solo cuando miramos fijamente en el espejo de la Palabra de Dios y contemplamos la gloria del Señor y permitimos que la espada del Espíritu actúe como cirujano de nuestras almas y que el agua de la Palabra nos limpie, el Espíritu Santo transformará nuestras vidas.

El paso más importante en mi propio desarrollo espiritual fue cuando me comprometí a estudiar a fondo la Biblia. El estudio bíblico se ha convertido en la pasión de mi vida, y no hay nada en el mundo que me consuma más que el deseo de conocer mejor y comunicar a otros la Palabra. Aunque no he llegado a la meta de la semejanza perfecta con Cristo (Fil. 3:13-14), sí he aprendido que el Espíritu Santo utiliza las Escrituras para transformarnos a la imagen de Jesús.

La Biblia es esencial en nuestra vida cristiana: determinante en la regeneración y decisiva para nuestro crecimiento espiritual. En ella, Dios nos ha dado "todas las cosas que pertenecen a la vida y a la piedad" (2 P. 1:3), y si la descuidamos pagaremos un altísimo precio.

EL USO DE LA LLAVE MAESTRA

Permítame sugerirle cinco formas específicas de utilizar, para su crecimiento espiritual, esta llave maestra que es la Palabra de Dios.

Créala

Son muchas las voces que compiten hoy día con las Escrituras tratando de obtener nuestra lealtad. La ciencia, la psicología, el humanismo y el misticismo constituyen fuentes de autoridad que rivalizan con la Biblia, pidiendo a gritos nuestra atención. No sigamos en eso a la mayoría. Hay demasiadas personas en la iglesia dispuestas, al parecer, a abandonar la Palabra de Dios a cambio de supuestos atajos para alcanzar la madurez. Pero nuestra respuesta debe ser la de Pedro: "Señor, ¿a quién iremos? Tú tienes palabras de vida eterna" (Jn. 6:68). Aceptemos la Biblia como lo que es: la Palabra inspirada, infalible, inerrante y suficiente de Dios. Dudar de las verdades que el Señor ha revelado en las Escrituras nos robará el gozo y puede llegar a destruir por completo nuestra fe.[1]

Estúdiela

Cada cristiano debería ponerse como meta ser, al igual que Apolos, "poderoso en las Escrituras" (Hch. 18:24). Hay demasiados creyentes satisfechos con un estudio bíblico superficial o incluso inexistente. Tal descuido del estudio metódico de la Biblia puede dar como resultado errores doctrinales o una forma equivocada de entender cómo vivir la vida cristiana. Las Escrituras recompensan a quienes son estudiantes diligentes y, mediante su estudio, pueden presentarse a Dios aprobados (2 Ti. 2:15).

Hónrela

Los ciudadanos de Éfeso honraban la estatua de Diana porque pensaban que Júpiter la había enviado del cielo, y la adoraban por muy obscena, horrorosa y fea que fuese. Sin embargo, algo verdaderamente hermoso ha bajado a la tierra enviado por Dios: su preciosa Palabra, que es más valiosa que el oro y toda la pedrería (Pr. 3:14-15). No honre, pues, la Biblia solo de palabra, mientras dedica su vida a perseguir sustitutos mundanos; aunque sean cosas tales como la diversión, la política, la filosofía, la psicología, el misticismo y las experiencias personales.

Ámela

"¡Oh, cuánto amo yo tu ley! —escribió el salmista—. Todo el día es ella mi meditación" (Sal. 119:97). ¿Puede usted decir lo mismo? ¿Dedica a la Palabra tanto tiempo y atención como a otros objetos de su gusto menos merecedores de ello? ¿Lee usted la Biblia como si se tratara de una carta de amor que Dios le envía? ¿Es la Palabra de Dios su pasión, aquello hacia lo cual se siente arrastrado en sus ratos de sosiego? ¿U opta usted por diversiones que en realidad obstaculizan su crecimiento?

Obedézcala

La obediencia es, en última instancia, la única respuesta apropiada a la Palabra de Dios. De nada nos servirá creer, estudiar, honrar y amar la Biblia si no la obedecemos. Los mandamientos de Dios no son opcionales, sino obligatorios. No podemos abordar la Biblia como si se tratara de una bandeja de aperitivos de la que podemos escoger caprichosamente aquello que queremos y no queremos obedecer. Nuestra obediencia debe ser implícita. Samuel dijo al desobediente Saúl: "¿Se complace Jehová tanto en los holocaustos y víctimas, como en que se obedezca a las palabras de Jehová? Ciertamente el obedecer es mejor que los sacrificios, y el prestar atención que la grosura de los carneros" (1 S. 15:22).

De este modo descubriremos que la Palabra de Dios es la llave maestra que abre todo lo demás en el terreno del espíritu. Ninguna estancia espiritualmente privilegiada está cerrada para esa llave. A pesar de lo que muchos creen y enseñan en la actualidad, nada que no sea la Palabra —ninguna experiencia espiritual o solución mística, ningún secreto sobrenatural o fórmula metafísica— puede abrir la puerta a algún poder espiritual inaccesible para las Escrituras.

Ciertamente hay otras llaves, cada una de las cuales da libre acceso a algún valioso y único principio de crecimiento espiritual; pero todas ellas están basadas en esta gran llave maestra, puesto que los principios en cuestión forman parte de la Palabra.

El gran avivamiento en tiempos de Nehemías comenzó cuando el pueblo instó a Nehemías a que les leyera las Escrituras (Neh. 8). Mientras las escuchaban, sus corazones despertaron, y los que oían fueron convencidos de pecado, limpiados, edificados, y respondieron obedientemente.

Tal vez ansíe usted experimentar un avivamiento personal. Le insto, entonces, a permitir que la llave de la Palabra de Dios le abra ese gran almacén de las riquezas que son suyas en Cristo Jesús.

2

EL PROPÓSITO PRINCIPAL

La gloria de Dios

Si saliéramos a la calle y preguntásemos a diez personas al azar cuál consideran ellas que es el tema más importante del mundo, probablemente recibiríamos diversas respuestas: el dinero, el amor, el matrimonio, el sexo, la libertad, la seguridad, la posición, el placer, la paz y la felicidad.

Pero, desde el punto de vista de Dios, solo hay una respuesta posible. Se trata del asunto principal de todo el universo, el propósito de la creación, la meta principal de la vida cristiana y la razón de ser de todas las cosas que Dios ha hecho y hará.

¿Cuál es, pues, ese propósito? El *Catecismo menor de Westminster* nos da la respuesta. La primera pregunta que dicho catecismo nos hace es: "¿Cuál es el fin principal del hombre?". A lo que responde: "El fin principal del hombre es glorificar a Dios y gozar de Él para siempre". Los redactores del *Catecismo menor* creían que todos los cristianos debían entender que existen para la gloria de Dios y para disfrutar de Él.

Alguno podría objetar que nos estamos basando demasiado en el *Catecismo*, aunque este tenga como base las Escrituras. Pero la suprema importancia de la gloria de Dios no es simplemente idea de algún hombre: la Biblia la respalda sin rodeos. David escribe: "A Jehová he puesto siempre delante de mí" (Sal. 16:8), refiriéndose a dar gloria a Dios. Al hacer esa declaración, lo que David está diciendo es, efectivamente: "En todo lo que hago, tengo mi atención puesta en Dios. Todo lo que llevo a cabo, lo realizo completamente enfocado en Dios. Todo es para su gloria, su honra y el cumplimiento de su voluntad".

El resultado de tal enfoque lo vemos en el versículo 9: "Se alegró por tanto mi corazón, y se gozó mi alma". Esta es otra manera de decir que David experimentaba un gran gozo en Dios; por lo que su meta era vivir siempre para su gloria y, como consecuencia de ello, disfrutar de Él para siempre. Esto es a lo que se refiere también el *Catecismo*.

El objetivo supremo de la vida de todo hombre o mujer debería ser glorificar a Dios, y el resultado que esto produce es un gozo ilimitado. La madurez espiritual viene de concentrarnos en la persona de Dios hasta que su majestad nos atrapa y nos perdemos en ella.

LA INHERENTE GLORIA DE DIOS

¿Qué queremos decir con *glorificar* a Dios? Podemos considerarlo esencialmente desde dos vertientes. La primera tiene que ver con la gloria inherente del Señor: la gloria que Dios posee en sí mismo. En Isaías 6:3 se nos dice que los serafines clamaban a gran voz: "Santo, santo, santo, Jehová de los ejércitos; toda la tierra está llena de su gloria".

La gloria inherente de Dios forma parte de su ser, no es algo que haya recibido. Aunque Dios no hubiera creado a los hombres y los ángeles, aún poseería su gloria inherente; y si nadie le diera gloria, honra o alabanza alguna, Él seguiría siendo ese Dios glorioso que es. En eso consiste la gloria inherente: es la gloria de la naturaleza divina. Se trata de la manifestación y la combinación de todos sus atributos. Esto es algo que nosotros no podemos proporcionarle ni quitarle en lo más mínimo. Él es quien es: "El Dios de la gloria" (Hch. 7:2).

La gloria humana se diferencia mucho de eso: no es inherente al hombre, sino que este la recibe de fuera. Hablamos de aquellos que son exaltados y honrados; pero si le quitásemos a un rey su manto y su corona, y lo pusiésemos junto a un mendigo, no podríamos distinguir quién es quién. La única gloria que disfruta un mandatario es aquella que le confieren los atavíos de su cargo. Sin embargo, toda la gloria de Dios forma parte de su ser esencial: no es algo que se le otorga, ni que deriva de alguna fuente externa a Él. Así que la gloria que Dios posee es muy diferente de cualquier tipo de gloria humana.

Además de las diversas referencias en el Antiguo Testamento —como el Salmo 24:7-10—, el Nuevo Testamento también enseña que el Señor es un Dios de gloria. Los Evangelios nos cuentan que, durante su vida terrenal, nuestro Señor Jesucristo fue la encarnación de la gloria divina (Jn. 1:14). La resurrección de Lázaro ejemplifica la gloria del Salvador. Cuando Jesús ordenó quitar la piedra que sellaba el sepulcro de Lázaro, Marta protestó por ello, pero el Señor le respondió: "¿No te he dicho que si crees, verás la gloria de Dios?" (Jn. 11:40). ¿Cómo se manifestó en ese caso la gloria de Dios? Por medio de su poder, el mismo poder que había utilizado para crear el universo. No fue Marta quien le dio al Señor Jesucristo esa gloria; Él ya la tenía. Al resucitar a Lázaro no hizo sino manifestarla.

Más tarde, Jesús diría: "Padre, aquellos que me has dado, quiero que donde yo estoy, también ellos estén conmigo, para que vean mi gloria que me has dado" (Jn. 17:24). La respuesta a esa oración quedará patente en el momento que se describe en Apocalipsis 21:23. La Nueva Jerusalén no tendrá necesidad de sol ni de luna, "porque la gloria de Dios la ilumina, y el Cordero es su lumbrera". ¡De qué manera tan maravillosa demuestra esto que la gloria de Dios forma parte esencial e inherente de su propia naturaleza! Puesto que la gloria del Señor es parte de su misma esencia, constituye algo que Él no dará a nadie más: "Mi gloria... no la daré a otro" (Is. 48:11, LBLA). Dios jamás se despoja de su gloria.

Pero los creyentes pueden *reflejar* la gloria divina, como sucedió con Moisés al bajar del monte (Éx. 34:30-35). Lo que es más, la gloria de Dios resplandece desde el interior de cada cristiano (2 Co. 3:18). Pero el Señor nunca imparte su gloria a nadie que no sea Él mismo; es decir, la gloria del Señor está en los creyentes porque Él habita en ellos. Esa majestad nunca llega a ser nuestra, Dios jamás se despoja de su gloria.

Esto guarda cierto parecido con la relación que vemos entre Faraón y José en el libro de Génesis. El primero le dio al segundo su anillo —el cual simbolizaba su autoridad regia— y también una cadena de oro (Gn. 41:42), convirtiéndose José, de este modo, en el representante de Faraón, con plenos privilegios imperiales y, en esencia, gobernador de Egipto. Su palabra era ley. Pero hubo una cosa que Faraón no le otorgó, y fue su gloria: "Solamente en el trono seré yo mayor que tú", le dijo (v. 40). No renunció a su majestad.

Del mismo modo, Dios no comparte su gloria con ningún ser creado; se trata de algo inherente a Él, la suma de sus atributos, a lo cual no se puede añadir ni quitar nada.

ENGRANDECER LA GLORIA DE DIOS DELANTE DE OTROS

Puede que usted se pregunte: Si a la gloria de Dios no se le puede añadir nada ni es posible aumentarla en modo alguno, ¿por qué hablamos de darle gloria? ¿Cómo puede alguien dar gloria a Dios si esta es absoluta e inherente?

En realidad, cuando hablamos de glorificar a Dios, estamos hablando de engrandecer su gloria ante el mundo. Por supuesto, no podemos añadir nada a esa gloria que constituye su misma esencia, pero sí nos es posible reflejar y exaltar la gloria divina delante de los demás.

A esto se refería Pablo en Tito 2:10, cuando escribió que los cristianos deberían "[adornar] la doctrina de Dios nuestro Salvador" en todo. Este versículo no habla de añadir cosa alguna a los atributos divinos. Al llevar una vida santa, influimos en el testimonio acerca de Dios en el mundo. No adornamos a Dios mismo, sino la doctrina o la enseñanza en cuanto a Él, permitiendo que la gente vea su gloria reflejada en nuestra manera de vivir. Jesús dijo a sus discípulos que vivieran de tal manera que los hombres "vean [sus] buenas obras, y glorifiquen [al] Padre que está en los cielos" (Mt. 5:16). Así que, aunque no nos es posible añadir nada a la gloria inherente de Dios, nuestras vidas pueden reflejar esa gloria y engrandecerla para que otros la reconozcan. De este modo le damos gloria Dios.

También podemos dar gloria a Dios mediante el testimonio hablado. Como dice David en 1 Crónicas: "Cantad entre las gentes su gloria, y en todos los pueblos sus maravillas" (1 Cr. 16:24). Cuando expresamos las grandes cosas que Dios ha hecho en nuestras vidas, le estamos glorificando.

También le damos gloria al alabarle. David dijo acerca de Dios: "Tuya es, oh Jehová, la magnificencia y el poder, la gloria, la victoria y el honor; porque todas las cosas que están en los cielos y en la tierra son tuyas. Tuyo, oh Jehová, es el reino, y tú eres excelso sobre todo" (1 Cr. 29:11). Y después de hacer esa declaración la resumió diciendo: "Ahora, pues, Dios nuestro, nosotros alabamos y loamos tu glorioso nombre" (v. 13). David reconocía que la gloria del Señor era inherente y, por eso, debía ser alabado.

El Nuevo Testamento también nos habla de alabar a Dios por su gloria. En 1 Timoteo 1:17, Pablo dice: "Al Rey de los siglos, inmortal, invisible, al único y sabio Dios, sea honor y gloria por los siglos de los siglos. Amén". Y, al final de la epístola, el apóstol alaba a Dios por ser "el único que tiene inmortalidad, que habita en luz inaccesible; a quien ninguno de los hombres ha visto ni puede ver, al cual sea la honra y el imperio sempiterno. Amén" (1 Ti. 6:16).

Judas se hace eco de este mismo tema, cuando dice: "Al único y sabio Dios, nuestro Salvador, sea gloria y majestad, imperio y potencia, ahora y por todos los siglos. Amén" (Jud. 25). Y en Apocalipsis vemos a grandes muchedumbres proclamando la gloria de Dios (Ap. 5:13). El Nuevo Testamento nos ordena que llevemos vidas que glorifiquen a Dios. Pablo oraba diciendo: "Como siempre, ahora también será magnificado Cristo en mi cuerpo" (Fil. 1:20). Deseaba exaltar a Cristo ante los ojos del mundo, y exhortaba a los corintios con estas palabras: "Glorificad, pues, a Dios en vuestro cuerpo" (1 Co. 6:20). Dicho de otro modo: "utilicen su cuerpo de tal manera que den gloria a Dios". Por último, el apóstol nos dejó el siguiente mandamiento de ámbito general en 1 Corintios: "Si, pues, coméis o bebéis, o hacéis otra cosa, hacedlo todo para la gloria de Dios" (1 Co. 10:31). Todo lo que hagamos, aunque sea tan mundano como comer y beber, debemos hacerlo con el fin de glorificar a Dios.

LA GLORIA DE DIOS A TRAVÉS DE LOS TIEMPOS

El plan de Dios para las edades implica manifestaciones sucesivas de su gloria. La historia es el despliegue de la gloria divina en el pasado. La profecía predice la futura revelación de su plenitud. Y la Iglesia es el terreno en el que Dios ha escogido de manera única demostrar su gloria en el presente.

La creación

El universo creado es un testigo silencioso de la gloria de su Creador. El salmista escribe al respecto: "Los cielos cuentan la gloria de Dios, y el firmamento anuncia la obra de sus manos" (Sal. 19:1). Isaías, por su parte, nos informa de que "toda la tierra está llena de su gloria" (Is. 6:3); incluso el mundo animal glorifica a su Creador (Is. 43:20).

¿Se ha preguntado alguna vez para qué creó Dios el universo? Colosenses 1:16 nos da la respuesta: "Porque en él fueron creadas todas las cosas, las que hay en los cielos y las que hay en la tierra, visibles e invisibles; sean tronos, sean dominios, sean principados, sean potestades; todo fue creado por medio de él y para él". El universo se creó para glorificar a Dios.

Todo lo que hay en este universo —desde las partículas subatómicas más minúsculas hasta las estrellas más gigantescas— le glorifica, salvo dos excepciones: los ángeles rebeldes y los hombres caídos. Ya que el propósito de la creación entera es darle gloria a Dios, las criaturas que no lo hagan serán arrojadas de su presencia; de ahí que los ángeles y los hombres caídos vayan a pasar la eternidad lejos del Señor. Aunque Dios no se deleita en semejante castigo (Ez. 33:11), este le trae gloria porque revela su santidad.

El huerto del Edén

En el huerto del Edén, Dios manifestó su gloria a Adán y Eva. Génesis 3:8 nos cuenta que ellos oyeron la voz del Señor que paseaba en el huerto al fresco del día; pero ese mismo versículo también nos refiere que, en un esfuerzo por eludir la responsabilidad de su pecado, ellos intentaron esconderse de la presencia del Señor. Así que resulta evidente que Dios vino a ellos no solo como una voz, sino también manifestando visiblemente su gloria; es posible que a la manera de una luz resplandeciente (cp. Éx. 13:21; Hch. 9:3-6). ¡Qué maravilloso privilegio tenían Adán y Eva de ver la gloria de Dios manifestarse a diario! Nadie sabe cuánto tiempo duró aquello; pero llegó el día que se rebelaron contra Dios, y su pecado los hizo inadecuados para estar en el mismo lugar que la gloria divina. De modo que Dios los echó del paraíso y subrayó su expulsión poniendo a un querubines (seres angélicos cuya función es preservar la santidad de Dios) a la entrada del huerto, con el fin de impedir que Adán y Eva volvieran allí. Entre tanto, una espada encendida se revolvía en todas las direcciones para cerrar el paso al árbol de la vida (Gn. 3:24). El principio que vemos en el relato de Génesis sigue siendo cierto: los hombres caídos y pecadores no pueden estar en la presencia de Dios.

Durante el resto de sus vidas, Adán y Eva tuvieron delante aquella espada que les bloqueaba toda esperanza de entrar nuevamente en el huerto de Edén y que impedía que siguieran disfrutando de una relación con Dios cara a cara. La espada nos habla de juicio, de una sentencia de muerte por causa del pecado. Alguien tenía que sufrir aquel terrible y eterno castigo para que la raza humana pudiese volver a tener comunión con Dios. ¿Y sobre quién recayó la sentencia? "Porque también Cristo padeció una sola vez por los pecados, el justo por los injustos, para llevarnos a Dios" (1 P. 3:18). La muerte de Cristo satisfizo las exigencias de la justicia divina y, gracias a ello, los que ponen su fe en Cristo pueden recuperar la comunión con Dios.

Moisés

Seguidamente, Dios decidió manifestar su gloria a Moisés, un hombre muy humilde (Nm. 12:3) con un concepto sumamente modesto de su propia capacidad. Cuando Dios lo llamó para ser su profeta y guiar a su pueblo, intentó escabullirse con la excusa de que era un mal orador (Éx. 4:10). Pero el Señor le respondió:

"¿Quién dio la boca al hombre?... Ahora, pues, ve, y yo estaré con tu boca, y te enseñaré lo que hayas de hablar" (vv. 11-12). Sin embargo, Moisés continuó objetando hasta que, por fin, el Señor le asignó a Aarón para que fuese su portavoz. A pesar de las vacilaciones de Moisés, Dios lo utilizó para revelar su gloria a Israel (Éx. 33—34).

Moisés asumió su papel de guía del pueblo de Dios, e Israel salió de Egipto y viajó hasta el monte Sinaí bajo su liderato. El Señor dirigió la marcha y los guardó milagrosamente del ejército egipcio, las aguas del Mar Rojo, la sed y la muerte por hambre. El éxodo fue una de las mayores y más espectaculares manifestaciones del poder divino que el mundo haya conocido nunca.

Pero mientras Moisés se encontraba en la cumbre del monte Sinaí recibiendo la ley de manos de Dios, los israelitas cayeron en pecado manifiesto (Éx. 32), y Moisés tuvo que recordarle al Señor que Él lo había comisionado para llevar a Israel a la tierra prometida. Luego oró con estas palabras: "Ahora, pues, si he hallado gracia en tus ojos, te ruego que me muestres ahora tu camino, para que te conozca" (Éx. 33:13). Moisés sabía que no podría cumplir su cometido por sí mismo, y Dios le garantizó que su presencia iría con él (v. 14).

Pero no satisfecho con aquello, Moisés pidió al Señor que le permitiera verle: "Te ruego que me muestres tu gloria" (v. 18). ¿Estaría Dios dispuesto a hacer tal cosa? ¡Cuánto le habrá tranquilizado Moisés oír la respuesta! Dios le dijo: "Yo haré pasar todo mi bien delante de tu rostro, y proclamaré el nombre de Jehová delante de ti" (v. 19).

La palabra "bien" se refiere aquí a la esencia de los gloriosos atributos divinos, caracterizados por la gracia y la misericordia. ¡La suma de esos atributos es tan gloriosa que resulta letal para los seres humanos contemplarla! Fijar la mirada en la manifestación plena de la gloria de Dios sin estar protegido hubiera supuesto la muerte inmediata para Moisés, de modo que el Señor le dijo:

No podrás ver mi rostro; porque no me verá hombre, y vivirá... He aquí un lugar junto a mí, y tú estarás sobre la

*peña; y cuando pase mi gloria, yo te pondré en la hendidura
de la peña, y te cubriré con mi mano hasta que haya pasado.
Después apartaré mi mano, y verás mis espaldas; mas no se
verá mi rostro*

ÉXODO 33:20-23

¿Acaso tiene Dios manos o cara? Por supuesto que no: Él es
"espíritu", sin forma física definida (Jn. 4:24). Sin embargo, a
menudo el Señor utiliza palabras referentes al cuerpo humano
para que comprendamos en cierta medida cómo es Él. De modo
que, cuando nos habla de su rostro o de su mano, se está acomo-
dando a nuestra terminología.

Después de haber tomado precauciones para proteger a Moisés, Dios cumplió su promesa:

*Y Jehová descendió en la nube, y estuvo allí con él, procla-
mando el nombre de Jehová. Y pasando Jehová por delante
de él, proclamó: ¡Jehová! ¡Jehová! fuerte, misericordioso y
piadoso; tardo para la ira, y grande en misericordia y verdad;
que guarda misericordia a millares, que perdona la iniquidad, la rebelión y el pecado.*

ÉXODO 34:5-7

A diferencia de tantos que actualmente hablan —con bastante
petulancia— de sus supuestos encuentros con Dios, "Moisés,
apresurándose, bajo la cabeza hacia el suelo y adoró" (v. 8).

La gloria reflejada y el velo

Lo que contempló Moisés fue la *shekinah*: una manifestación visible de la gloria de Dios. ¿Y qué efecto tuvo aquella sobre él? Algo
de su resplandor se le pegó en el rostro haciendo que este brillara,
aunque él no se dio cuenta de ello (Éx. 34:29). En realidad, su
cara relucía tanto que Aarón y los demás temían acercarse a él (v.
30). Aun el tenue reflejo de la gloria divina en el rostro de Moisés
constituía una visión imponente.

Cuando yo era pequeño, mis padres me llevaron a la granja de bayas *Knott's*, donde había una tienda que vendía todo tipo de artículos que brillaban en la oscuridad. Para mí eran las cosas más extraordinarias que jamás había visto, y papá y mamá me dijeron que buscara algo de mi gusto y me lo comprarían. De modo que escogí una figurilla y la guardé dentro de una bolsa durante el resto del día. Cuando llegué a casa aquella noche, saque la figurita y la puse sobre mi cómoda, pero me sentí decepcionado viendo que no relucía.

"¿Sabes por qué no reluce? —me preguntó mi padre—. Has de ponerla cerca de alguna otra luz, ya que no tiene brillo propio".

De modo que mi padre la sostuvo junto a una bombilla durante poco más o menos un minuto y luego la llevó otra vez a mi oscura habitación. ¡Entonces funcionó a las mil maravillas!

Moisés era, en cierto modo, como esa figurilla fosforescente: tampoco tenía luz propia; pero después de haber estado expuesto a la luz más brillante del universo, resplandecía. Su rostro se había cargado de la gloria divina. El Señor había querido despedir a su siervo de la cumbre de aquel monte con un poco del resplandor de la Deidad; y durante cierto tiempo Moisés tuvo que llevar un velo puesto sobre la cara para que la gente pudiera acercársele. Sin embargo, cuando entraba de nuevo en la presencia del Señor, se quitaba el velo y hablaba con Él en comunión franca. Así, la gloria que había en el rostro de Moisés pronto se renovaba, y este tenía que volver a cubrirse para hablar con el pueblo (vv. 33-35).

¿Por qué llevaba Moisés aquel velo? No porque la gloria reflejada en su cara supusiera ningún peligro para nadie, sino más bien porque el resplandor se iba desvaneciendo gradualmente y no quería que la gente se distrajera con un tipo de gloria evanescente. La figurilla que yo había puesto encima de mi cómoda no brillaba durante más de una hora, sin que hubiera que recargarla con otra fuente de luz; y eso era lo que le pasaba también a Moisés. El Nuevo Testamento nos dice que Moisés se ponía el velo "para que los hijos de Israel no fijaran la vista en el fin de aquello que había de ser abolido" (2 Co. 3:13). Él sabía que la gloria en cuestión no era suya: se estaba desvaneciendo, y no quería que los israelitas vieran cómo abandonaba su rostro.

Dos veces en la historia humana Dios había manifestado su gloria de manera visible: una en un sitio y otra en un rostro. El pueblo de Israel debió preguntarse si volverían a ver alguna vez una manifestación parecida.

La gloria en una tienda

Pero Dios sí que volvió a manifestar visiblemente su gloria, y lo hizo en el tabernáculo, una especie de tienda utilizada como templo construida para glorificar a Dios, que a menudo escoge lo humilde y de poco valor para revelar su gloria. Ciertamente eso puede decirse del tabernáculo. Con frecuencia pensamos en este como en un bello recinto, pero en realidad estaba hecho de muchas pieles de animales sin lustre ni atractivo, desgastadas por el mal tiempo y sostenidas por estacas. Se trataba básicamente de un refugio portátil grande y feo. Lo que lo hacía especial era que simbolizaba al Dios de Israel y su gloria: era la morada del Espíritu del Señor durante el viaje de los israelitas tras su salida de Egipto. En esta tienda, Dios había escogido manifestar la *shekinah* a una nación entera.

Dios instruyó detalladamente al pueblo de Israel en cuanto a cómo construir el tabernáculo; y cuando este quedó terminado, "una nube cubrió el tabernáculo de reunión, y la gloria de Jehová llenó el tabernáculo. Y no podía Moisés entrar en el tabernáculo de reunión, porque la nube estaba sobre él, y la gloria de Jehová lo llenaba" (Éx. 40:34-35). Imagínese la escena: las doce tribus de Israel —tal vez varios millones de personas—, puestas en formación tal como Dios las había colocado y, en medio de ellas, el tabernáculo, tan lleno de la gloria del Señor que nadie podía entrar.

Más tarde, en el día de la expiación, el sumo sacerdote entraba en el lugar santísimo y se ponía delante del arca del pacto. Tal vez piense usted que el arca era hermosa y resplandeciente como el oro, pero probablemente se tratara de algo tosco y salpicado de sangre sacrificial que los sacerdotes habían rociado sobre ella. Lo único hermoso del arca serían probablemente las alas de los querubines extendidas sobre el propiciatorio; sin embargo, Dios había escogido manifestar allí su gloria de manera visible. Cada vez que el sumo sacerdote entraba en aquel lugar consagrado veía la gloria de Dios.

La gloria en el templo

Durante varios siglos Dios manifestó su gloria en el tabernáculo, pero al igual que en el huerto del Edén o que en el rostro de Moisés, aquella fue solo una situación transitoria. Con el tiempo, durante el reinado de Salomón, el templo vino a sustituir al tabernáculo. Así como Dios había dado instrucciones en cuanto a la construcción de este último, también proporcionó los planos para que se edificara el templo. El propósito de este era albergar la gloria divina. Era un magnífico edificio que tardó casi ocho años en construirse y probablemente tuviera un coste equivalente a varios millones de dólares.

Finalmente, llegó el día de la dedicación, y ¡qué gran día fue aquel! "Y cuando los sacerdotes salieron del santuario, la nube llenó la casa de Jehová. Y los sacerdotes no pudieron permanecer para ministrar por causa de la nube; porque la gloria de Jehová había llenado la casa de Jehová" (1 R. 8:10-11). Otra vez, en su condescendiente gracia, Dios volvía a manifestar su presencia en medio de su pueblo.

Aunque el templo se construyó como morada permanente para la gloria del Señor, el pueblo de Dios no siempre le dio a Él la gloria que le era debida. De hecho, en una ocasión Salomón se atribuyó el mérito que le correspondía únicamente a Dios. El segundo libro de Crónicas narra la visita oficial de la reina de Sabá a la corte del rey Salomón, y nos cuenta que, una vez que la soberana hubo comprobado la sabiduría de este, examinado todas sus riquezas y visto el templo que Salomón había hecho, "se quedó asombrada. Y dijo al rey:... He aquí que ni aun la mitad de la grandeza de tu sabiduría me había sido dicha" (2 Cr. 9:4-6). Y prosiguió describiendo cuán maravillosa era la sabiduría de Salomón, la gran suerte que tenían sus súbditos y las cosas magníficas que él había hecho; incluyendo, sin duda, el imponente templo que había construido. Evidentemente, la reina volvió a su

país sin comprender que en ese templo residía la gloria de Dios y
no la de Salomón. Por desgracia, el relato no revela que Salomón
la sacara de su error. A partir de entonces vemos una decadencia gradual pero
ostensible del templo y de su gloria. Ya no se vuelve a mencio-
nar la *shekinah*. La idolatría comenzó a desplazar lentamente la
gloria de Dios durante el último periodo del reinado de Salomón
(1 R. 11:4) y, para cuando llega el tiempo del profeta Ezequiel, el
culto del Dios verdadero en su propio templo había prácticamente
desaparecido.

De la gloria a la ignominia

Cuando el pueblo de Dios pecó y no dio al Señor la honra debida,
Él les retiró su gloria. Ezequiel tuvo una visión de ello, que se
narra en el capítulo 8 de su libro. En dicha visión, Dios le mostró
al profeta el culto idolátrico que se estaba llevando a cabo dentro
de las propias instalaciones del templo. Y lo que vio Ezequiel le
desconcertó sobremanera: "Entré, pues, y miré; y he aquí toda
forma de reptiles y bestias abominables, y todos los ídolos de la
casa de Israel, que estaban pintados en la pared por todo alrededor" (v. 10). Luego pasó al atrio interior de la casa del Señor y allí
vio hombres dando la espalda al templo, inclinados con el rostro
hacia el oriente y adorando al sol (v. 16).

No es extraño que Ezequiel se conturbara tanto: en vez de
adorar a Dios en su templo se estaba adorando a Satanás. Dios
no puede soportar la presencia del pecado (Hab. 1:13), de modo
que abandonó su propio templo. La retirada de la gloria divina
tuvo lugar en sucesivas etapas, casi como si Dios se marchara con
renuencia y enormemente afligido. Ezequiel relata cómo la gloria
se fue retirando poco a poco. Primeramente, se elevó de entre
los querubines esculpidos y se puso sobre el umbral de la puerta
(Ez. 9:3). En segundo lugar, la gloria se trasladó del umbral y
descansó encima de los querubines vivos de la visión del profeta
(Ez. 10:18). Desde allí sobrevoló la puerta oriental del templo (Ez.
10:19), y de en medio de Jerusalén, ascendió y se posó sobre un
monte situado al oriente (Ez. 11:23). Por último, la manifestación

de la gloria no fue ya visible, puesto que regresó al cielo: Dios retiró su gloria del templo y la volvió a llevar a su trono.

La gloria no brillaba más en medio del edificio, sino que era como si la palabra *Icabod* —que significa "traspasada es la gloria" (1 S. 4:21)— se hubiese esculpido en los postes de las puertas. Lamentablemente, había llegado el día que ni siquiera aquel magnífico templo seguía siendo apto para albergar la gloria de Dios. No resulta extraño, pues, que el Señor permitiera, finalmente, que los babilonios lo redujeran a cenizas. ¡La gloria divina ya no estaba allí! ¿Volvería algún día?

La gloria encarnada

La gloria de Dios volvió muchos siglos después. Juan 1:14 nos dice: "Y aquel Verbo fue hecho carne, y habitó entre nosotros (y vimos su gloria, gloria como del unigénito del Padre), lleno de gracia y de verdad".

La gloria divina regresó en la persona de nuestro Señor Jesucristo. ¿Y cuándo se manifestó más plenamente dicha gloria? En lo alto del monte de la transfiguración (Lc. 9:28-36); donde, durante unos breves momentos y en presencia de tres de sus discípulos, el Hijo de Dios permitió que su esplendor brillara. Allí estaba la gloria; no como un resplandor en el huerto, como un reflejo en el rostro de Moisés, o como el fulgor del tabernáculo o del templo, sino la gloria inherente del Dios y hombre Jesucristo.

Aunque la gloria de Cristo es permanente —como el resto de sus atributos—, aquella manifestación duró solo cierto tiempo. Más tarde, algunos hombres impíos lo arrestarían, lo llevarían preso, lo condenarían falsamente, lo torturarían a un modo espantoso y lo clavarían en la cruz donde moriría. Querían deshacerse de la expresión más grande que haya habido de la gloria de Dios.

Pero no pudieron apagar esa gloria, ya que nuestro Señor resucitó de entre los muertos e incluso las terribles heridas de su cuerpo fueron glorificadas. Su obra en el mundo había concluido y, entonces, Cristo ascendió al cielo.

La gloria venidera

¿Se manifestará nuevamente la gloria de Dios? Nuestro Señor responde a esto en el capítulo 24 de Mateo, donde se nos relata su gran sermón del Monte de los Olivos. Allí Jesús habla a sus discípulos de un tiempo de gran tribulación que se aproxima, y esboza para ellos los acontecimientos que rodearán su regreso a este mundo. Cuando Jesús descienda físicamente del cielo, algo muy espectacular sucederá: "Entonces aparecerá la señal del Hijo del Hombre en el cielo; y entonces lamentarán todas las tribus de la tierra, y verán al Hijo del Hombre viniendo sobre las nubes del cielo, con poder y gran gloria" (v. 30).

¿De qué señal nos habla Jesús? De la manifestación visible de su gloria, del fulgor absoluto de Dios bajando del cielo en la persona de nuestro Señor... Se trata de la gloria *shekinah* revelada en su cuerpo, del mismo modo que la vieron brevemente aquellos tres discípulos suyos en el monte de la transfiguración.

Una vez más los hombres pecadores intentarán acabar con su majestad. Se opondrán a Él aunque venga como "Rey de reyes y Señor de señores" (Ap. 19:16). Cuando vean descender del cielo su fulgurante gloria, dispararán sus misiles esperando hacerla saltar por los aires.

Pero no podrán conseguirlo: con una sola palabra Jesús exterminará a aquellos que traten de oponerse a su majestad. A partir de entonces, Él gobernará las naciones con vara de hierro y reinará sobre el trono de David con poder y gloria: una gloria mucho mayor que aquella que manifestó en su primera venida.

Voy a señalarle algo emocionante: ¡los que le conocemos estaremos allí! Todos los que murieron en Cristo, al igual que aquellos que hayan sido arrebatados con Él en las nubes, regresarán en gloria juntamente con Jesús. Esto fue lo que dijo Pablo a los colosenses: "Cuando Cristo, vuestra vida, se manifieste, entonces vosotros también seréis manifestados con él en gloria" (Col. 3:4). La promesa se extiende a todo aquel que haya confiado en Jesús. Cuando Él vuelva, nos proporcionará nuevos cuerpos glorificados capaces de disfrutar su gloriosa presencia eternamente.

¿Se ha preguntado alguna vez lo que haremos durante toda la eternidad? Apocalipsis nos da la respuesta:

> *Después de esto miré, y he aquí una gran multitud, la cual nadie podía contar, de todas naciones y tribus y pueblos y lenguas, que estaban delante del trono y en la presencia del Cordero, vestidos de ropas blancas, y con palmas en las manos; y clamaban a gran voz, diciendo: la salvación pertenece a nuestro Dios que está sentado en el trono, y al Cordero.*
>
> Apocalipsis 7:9-10

No solo daremos gloria a Dios, sino que también veremos su gloria por toda la eternidad. Apocalipsis 21 nos describe "la gran ciudad santa de Jerusalén, que descendía del cielo, de Dios, teniendo la gloria de Dios... La ciudad no tiene necesidad de sol ni de luna que brillen en ella; porque la gloria de Dios la ilumina, y el Cordero es su lumbrera" (vv. 10-11, 23).

La gloria en el presente

Hemos echado un rápido vistazo a la gloria de Dios en el pasado y tenido una vislumbre de la gloria venidera tal y como se nos revela en las Escrituras. Pero ¿qué hay de la gloria de Dios en este tiempo?

En nuestros días, la gloria de Dios se manifiesta en su pueblo: la Iglesia. Tenemos el privilegio, el propósito y la responsabilidad de demostrar la gloria divina. Según nos dice Pablo, somos un templo santo que alberga la gloria del Señor (Ef. 2:21-22). La intención con la que Dios nos ha dejado en esta tierra es "para iluminación del conocimiento de la gloria de Dios en la faz de Jesucristo" (2 Co. 4:6).

Aunque somos simples "vasos de barro", en nuestro interior se halla la gloria divina (2 Co. 4:7). Él ha escogido las cosas humildes de este mundo para glorificarse (1 Co. 1:26-31). Dios nos transforma por el poder del Espíritu Santo y nos permite reflejar su majestad. La única forma en que el mundo puede recibir el mensaje relacionado con la gloria de Dios es por medio de nosotros: la gente tiene que ver en nosotros a "Cristo…, la esperanza de gloria" (Col. 1:27). Cuanto más maduros seamos, tanto más podrá el Señor usarnos para reflejar su gloria. Pablo dice: "Si, pues, coméis o bebéis, o hacéis otra cosa, hacedlo todo para la gloria de Dios" (1 Co. 10:31).

GLORIA PARA SU NOMBRE

Algunos cristianos testifican de nuestro Señor movidos por la obediencia —porque se les ha ordenado hacerlo—; otros comparten el evangelio debido al amor y la preocupación que sienten por los perdidos. Ambos motivos son dignos, pero no constituyen la razón más elevada.

El motivo supremo para la evangelización debería ser la gloria de Dios. Esto era lo que impulsaba a Pablo. El apóstol trabajaba arduamente, evangelizaba, predicaba y derramaba su corazón "por amor [al nombre de Jesús]" (Ro. 1:5). Amaba a los perdidos y se mostraba obediente al mandamiento de Cristo de evangelizar; pero su pasión era llevar a otros al conocimiento del Salvador para que Él pudiera recibir la gloria debida a su nombre. Si Dios es Dios, el único Dios y el solo Creador y Señor de los hombres, tiene derecho a una adoración exclusiva y a sentir celos si no se le rinde culto.

Aquel piadoso misionero en la India, llamado Henry Martyn, veía a la gente inclinarse delante de sus ídolos. Según cuenta, observar a aquellas personas postrándose ante los dioses hindúes "[le] inspiraba más horror del que podía expresar… No podía soportar la existencia si Jesús no era glorificado; tal cosa [le] sería un infierno".

Debo confesar que Dios me ha reprendido vez tras vez por no sentir esto mismo. Ver que alguien no glorifica a Jesucristo no siempre ha supuesto para mí "un infierno"; pero oro continuamente pidiéndole al Señor que me dé tal amor por la gloria de Jesús que se me rompa el corazón cada vez que observo a alguna persona que no da a mi Señor la gloria que Él merece.

Él es sumamente digno de gloria.

Por lo cual Dios también le exaltó hasta lo sumo, y le dio un nombre que es sobre todo nombre, para que en el nombre de Jesús se doble toda rodilla de los que están en los cielos, y en la tierra, y debajo de la tierra; y toda lengua confiese que Jesucristo es el Señor, para gloria de Dios Padre.

FILIPENSES 2:9-11

El autor del siguiente himno aboga elocuentemente:

> *Que cada pueblo y tribu*
> *En el terráqueo globo,*
> *Grandeza le atribuyan*
> *Y le hagan Rey de todo.*

Vemos la gloria de Dios en los cielos, en la tierra, en la salvación, en la vida cristiana, en el prometido regreso de Cristo y en cada dimensión de la existencia. Yo considero esa gloria el propósito principal que desata todas las riquezas espirituales escondidas en Jesucristo. Ahora bien, si tal es el propósito principal de la vida, ¿cómo podemos edificar sobre él? ¿De qué manera nos es posible glorificar a Dios en la práctica? Para esto necesitamos una llave diferente, que yo llamo el plan maestro.

3

EL PLAN MAESTRO

Cómo glorificar a Dios

Un periódico de Cincinnati publicó cierto artículo acerca de una mujer de allí que se detuvo ante un semáforo en rojo y reparó en que el automóvil que tenía delante exhibía uno de esos adhesivos que dicen: SI AMA A JESÚS, TOQUE LA BOCINA. La mujer dio un toque cordial de bocina, y se quedó perpleja cuando el conductor enfrente de ella se volvió furiosamente y le dedicó un gesto obsceno.

Primera lección para dar un buen testimonio: ¡No haga eso! Hay muchas personas hoy día, en la iglesia, que parecen inclinadas a reducir su fe a ciertas frases impresas en letreros adhesivos; como si las máximas y el simbolismo pudieran transmitir al mundo, de algún modo, la majestad y gloria de nuestro Dios. Naturalmente, esto es imposible. Glorificar a Dios es algo más que pegar un dicho en nuestro automóvil, aunque conduzcamos educadamente.

¿De qué manera glorifican a Dios las personas? Esta no es una pregunta teórica o trivial; de hecho, no hay asunto más práctico e importante. El propósito supremo de la vida de todo hombre o mujer —de cualquiera que haya nacido en este mundo— es glorificar a Dios. He ahí el significado de la existencia. Glorificar a Dios constituye la finalidad por excelencia de la vida cristiana. La madurez espiritual no es otra cosa que hacer de la persona de Dios nuestro centro y foco de atención, hasta que seamos arrebatados en su majestad y gloria.

¿POR QUÉ GLORIFICAR A DIOS?

Consideremos brevemente el *porqué* antes de ocuparnos del *cómo*. La razón más obvia para glorificar a Dios es que Él nos creó. Salmos 100:3 declara simplemente: "El nos hizo...". Compare esto con Romanos 11:36: "Porque de él, y por él, y para él, son todas las cosas. A él sea la gloria por los siglos. Amén". ¿Por qué merece Dios recibir la gloria? Porque Él nos ha dado el ser, la vida y todo lo que tenemos y somos. Esa es la razón número uno.

En segundo lugar, deberíamos glorificar a Dios porque Él creó todas las cosas para que le dieran gloria. La creación manifiesta sus atributos, su poder, su amor, su misericordia, su sabiduría y su gracia. Todo lo creado le glorifica. Lo hacen las estrellas: "Los cielos cuentan la gloria de Dios" (Sal. 19:1); lo hacen los animales: "Las fieras del campo me honrarán" (Is. 43:20); y los ángeles también: "Gloria a Dios en las alturas", proclamaron estos en el nacimiento de Cristo (Lc. 2:14).

Los animales, que están por debajo del hombre en el orden de la creación, glorifican a Dios; y los ángeles, que se encuentran en un nivel superior, también lo hacen (He. 2:7). ¿Podemos nosotros hacer menos que darle la gloria debida a su nombre?

Dios recibe gloria hasta de los incrédulos que no escogen dársela. Anote esto como tercera razón para glorificarle: el Señor juzga a quienes se niegan a reconocer su majestad. Buen ejemplo de ello es el faraón que ocupaba el trono cuando Dios liberó milagrosamente a Israel de la cruel esclavitud de los egipcios. Aquel hombre luchó contra Dios hasta las últimas consecuencias; pero Dios declaró: "Yo me glorificaré en Faraón" (Éx. 14:17). Y así lo hizo: demostró su poder incluso en la muerte de este. Más tarde o más temprano todo el mundo dará a Dios la gloria, voluntaria o involuntariamente.

CÓMO GLORIFICAR A DIOS

Quisiera sugerir trece formas prácticas —sin seguir ningún orden particular de importancia— de dar gloria a Dios.

Reciba al Señor Jesucristo como Salvador personal
Confíe en Cristo. Esto es fundamental. No puede usted empezar
siquiera a dar gloria a Dios hasta que reciba a Jesús. Sin ello no
habrá reconocido aún a Dios. Recibir a Cristo es darle gloria:
"Por lo cual Dios también le exaltó hasta lo sumo, y le dio un
nombre que es sobre todo nombre, para que en el nombre de Jesús
se doble toda rodilla de los que están en los cielos, y en la tierra,
y debajo de la tierra; y toda lengua confiese que Jesucristo es el
Señor, para gloria de Dios Padre" (Fil. 2:9-11). Glorificamos a
Dios cuando nos inclinamos y confesamos a Jesús como nuestro
Señor. Si quiere darle gloria, empiece por ahí.

Haga de glorificar a Dios la meta de su vida
La gloria de Dios en todas las cosas debe ser nuestro propósito pri-
mordial. Jamás glorificará al Señor en su vida a menos que haga
de ello su meta. El mandamiento de 1 Corintios 10:31 lo abarca
todo: "Si, pues, coméis o bebéis, o hacéis otra cosa, hacedlo todo
para la gloria de Dios". Se nos ordena que le glorifiquemos aun
cuando comemos y bebemos, ¡cuánto más no deberemos hacerlo
en las cosas importantes de la vida! Eso es lo que significa hacer
de su gloria nuestra meta. Nuestro Señor dijo: "Yo no busco mi
gloria" (Jn. 8:50); en otras palabras: "Yo vivo para glorificar a
Dios, para reflejar sus atributos, para adornar la doctrina de Dios,
para exaltarle a Él ante los ojos del mundo. Ese es el propósito de
mi existencia".

El primer principio para hacer de la gloria de Dios nuestra
meta es *estar dispuesto a sacrificar nuestro yo y nuestra propia
gloria*. Los hipócritas intentan robarle la gloria al Señor: quieren
un poco de esa gloria para sí mismos. ¿Recuerda a aquellos que
hacían limosnas y contra los cuales nos advierte Jesús en Mateo
6:1-4? "Cuando, pues, des limosna, no hagas tocar trompeta
delante de ti, como hacen los hipócritas en las sinagogas y en
las calles, para ser alabados por los hombres" (v. 2). ¿Se lo ima-
gina? Aquellos individuos llevaban consigo a un trompetista para
interpretar una pequeña fanfarria cuando llegaban al templo a
fin de echar sus monedas en el cepillo: "Aquí estoy, amigos, ¿me

ven ustedes? ¡Cling, cling!". Observe que el Señor dijo que esto lo
hacían para que los hombres los honraran. Dios no recompensa
esa clase de generosidad que compite por su gloria.

Aun los cristianos sinceros deben tener cuidado de no intentar
robarle la gloria a Dios. En cierta ocasión, un joven se acercó a
D. L. Moody y le dijo:

—Señor Moody, acabamos de salir de una reunión de oración
que ha durado toda la noche. ¡Vea cómo brillan nuestras caras!

—Moisés no sabía que su cara brillara —le respondió Moody
sosegadamente (véase Éx. 34:29).

No intente robarle a Dios nada de su gloria. De todos modos
le será imposible conseguirla; y haciéndolo perderá también la
bendición del Señor.

Otra forma de convertir la gloria de Dios en la meta de nuestra
vida es *prefiriéndole a Él sobre cualquier otra cosa*. Póngale por
encima de todo lo demás: el dinero, la fama, los honores, el éxito,
los amigos e incluso la familia. Puedo pensar en algunas ocasiones
que he ido a hablar a un determinado sitio y, en lo recóndito de
mi mente, pensaba: *Espero gustarles. Apuesto que realmente les
gustaré.* Esto es repugnante. Si lo que digo no tiene como objetivo
la gloria de Dios, sino la mía, mejor sería que mantuviera la boca
cerrada. Cuando doy un estudio bíblico para mi propia gloria, la
bendición del Señor no está en ello. Debemos preferir su gloria a
cualquier otra cosa.

Probablemente tendrá usted que pagar un alto precio por
mantener la perspectiva correcta. Tal vez hasta le cueste algunos amigos. En Éxodo 32, ciertas personas pagaron un precio
semejante. En su orgía idolátrica al pie del monte, los israelitas
hicieron un becerro de oro y comenzaron a adorarlo de manera
desenfrenada y estridente. ¡Esto ocurría *mientras* Moisés estaba
recibiendo los Diez Mandamientos y poco después de que el
pueblo hubiera prometido obedecer solamente a Dios! Cuando
Moisés descendió y vio aquello, se puso furioso y dijo: "¿Quién
está por Jehová? Júntese conmigo" (v. 26). Y todos los hijos de
Leví, los sacerdotes, dieron un paso al frente. Entonces Moisés
añadió: "Así ha dicho Jehová, el Dios de Israel: Poned cada uno

su espada sobre su muslo; pasad y volved de puerta a puerta por el campamento, y matad cada uno a su hermano, y a su amigo, y a su pariente" (v. 27). ¿Cumplirían los levitas esa orden? Sí que lo hicieron, y cayeron tres mil hombres aquel día (v. 28). La gloria del Señor estaba en juego, y Dios no comparte su gloria con nadie. Aquella gente tuvo realmente que pagar el precio de matar a sus seres queridos para sostener la gloria de Dios.

Otra forma crucial de convertir la gloria de Dios en nuestra meta es *conformarnos con hacer la voluntad divina cueste lo que cueste*. Jesús oró diciendo: "Ahora, está turbada mi alma; ¿y qué diré? ¿Padre, sálvame de esta hora? Mas para esto he llegado a esta hora. Padre, glorifica tu nombre" (Jn. 12:27-28). Y en el huerto de Getsemaní, el Señor suplicó: "Padre, si quieres, pasa de mí esta copa; pero no se haga mi voluntad, sino la tuya" (Lc. 22:42). En otras palabras: "Padre, si vas a recibir gloria con esto, me someto a ello. Glorifica tu nombre, me cueste lo que me cueste".

Tener como meta la gloria de Dios también significa que *sufrimos cuando Él sufre* y nos duele cuando se le deshonra. Recuerde el Salmo 69:9, donde dice: "Porque me consumió el celo de tu casa; y los denuestos de los que te vituperaban cayeron sobre mí". Lo que estaba diciendo David era: "Me duele cuando tu nombre sufre algún agravio".

Recuerdo haber recibido una carta de cierta chica de diecisiete años de edad a la que mi hermana había tenido el privilegio de guiar a Cristo. Los problemas de su trasfondo eran simplemente increíbles. Después de recibir a Jesús tuvo que volver a su hogar en una ciudad lejana, sin amigos cristianos ni instrucción espiritual, y contando solamente con su Biblia y con las oraciones de algunas personas. Varios meses después, la joven escribía:

Espero que se encuentre usted bien. He comenzado a comprender verdaderamente la Biblia. Leyendo el Antiguo Testamento he podido ver que Dios merece mucho más reconocimiento del que le damos. Puedo constatar que Él dio a su pueblo muchas oportunidades y que ellos seguían quebrantando su corazón adorando a ídolos y pecando. Dios quería que los israelitas sacrificaran corderos, cabras, bueyes y cosas semejantes como expiación a Él por los pecados cometidos. Después de todo, Él es Dios y debía recibir algún pago por los problemas y los pecados humanos.

¡Pensar que Dios realmente hablaba y se hacía visible para aquella gente, y que ellos seguían quejándose y pecando es inconcebible! Casi puedo sentir la tristeza insoportable que experimenta el Señor cuando alguien le rechaza y no le da la gloria. ¡Él es Dios! Él nos hizo, nos dio cuanto tenemos… y nosotros continuamos dudando de Él y rechazándole. ¡Esto es terrible! Cuando pienso de qué manera le he herido espero que algún día pueda resarcirle.

Mi corazón siente ternura por Dios, y ahora puedo comprender que esté celoso cuando veo a la gente adorando ídolos y a otros dioses. Tengo muy claro que Dios debe ser glorificado. Él merece la gloria, y tendría que haberla recibido mucho antes.

Estoy impaciente por decir a Jesús —e indirectamente a Dios— que le amo y beso la tierra que pisa porque deberíamos adorarle. Quiero que Dios sea Dios y ocupe el lugar que le corresponde. Estoy cansada de ver cómo la gente le hace desaires.

Sola con su Biblia y con el Espíritu Santo, aquella jovencita llegó a comprender que el sentido de la vida era buscar la gloria de Dios. Conozco a personas que han sido cristianas durante décadas sin que hayan aprendido esa verdad. El propósito de nuestra existencia consiste en dar gloria a Dios, y parte de ello supone sufrir cuando se le agravia.

Si desea tener la gloria de Dios como meta, debe también *contentarse con que no se le reconozca a usted siempre que el Señor sea glorificado*. La vida de Pablo constituye un excelente ejemplo para nosotros: su gran objetivo era exaltar a Dios por medio de Jesucristo, y lo hizo activamente hasta que le llegó la hora de su encarcelamiento. Si esto nos hubiera sucedido a nosotros, tal vez nos hubiésemos considerado rechazados. Pero Pablo no se desanimó, porque confiaba en que incluso esto sería un medio de glorificar a Dios. Y lo fue. El Señor utilizó a Pablo, mientras estaba en la cárcel, para escribir varios libros del Nuevo Testamento; ¡y su ministerio durante esos tiempos difíciles está aún cosechando frutos dos mil años después!

Pero mientras Pablo estaba preso, algunos fuera de la cárcel trataban de hacerle daño. Los describe como los que "anuncian a Cristo por contención, no sinceramente, pensando añadir aflicción a mis prisiones" (Fil. 1:16). Aquello pudo haber sido doloroso para Pablo. Mientras se hallaba confinado en aquella abominable prisión, otros afuera tenían libertad para predicar, enseñar y ganarse el amor de quienes él había conducido a Cristo.

¿Y cómo reaccionó el apóstol? "¿Qué, pues? Que no obstante, de todas maneras, o por pretexto o por verdad, Cristo es anunciado; y de esto me gozo, y me gozaré aún" (v. 18). No le preocupaba a quién se le daría el mérito, con tal de que el Señor fuera glorificado.

¿Y qué me dice de usted? ¿Qué siente cuando alguien recibe honra a sus expensas? ¿Cómo reacciona? Uno de los signos de la madurez espiritual consiste en estar dispuestos a dejar que otros se atribuyan el mérito. Su manera de responder revelará si está preocupado por la gloria del Señor o por la suya propia.

Confiese sus pecados

Quizá no haya usted pensado en ello, pero cuando confiesa su pecado glorifica a Dios.

Un buen ejemplo de esto lo tenemos en la historia de Acán (Jos. 7). Recordará usted cómo aquel hombre, en flagrante violación del mandamiento de Dios, reunió una parte del botín tras la conquista de Jericó. *Nadie se enterará* —pensó mientras lo escondía todo en un agujero debajo de su tienda—, *nadie lo descubrirá.* Tal vez hasta pensara: *Dios nunca lo sabrá; no puede ver a través de la tierra.* Pero Dios lo sabía, y Acán fue descubierto. ¿Qué dijo entonces Josué? "Hijo mío, da gloria a Jehová el Dios de Israel… y declárame ahora lo que has hecho" (v. 19).

La confesión del pecado glorifica a Dios; porque si usted justifica sus transgresiones, impugna el veredicto divino. En realidad se absuelve usted de toda responsabilidad, culpando al Señor por haber permitido que usted terminara en ese embrollo. Adán es una buena ilustración de esto. ¿Cuál fue su excusa cuando Dios le confrontó? "La mujer que me diste por compañera me dio del árbol, y yo comí" (Gn. 3:12). Prácticamente estaba diciendo: "La culpa es tuya, Dios. Si no me hubieras dado esta mujer, nada hubiese ocurrido".

Hacer esto es culpar a Dios y atribuirle a Él la responsabilidad. Pero Dios no es nunca culpable de nuestro pecado y hacerle responsable de alguna manera es calumniar su santidad. De modo que quienes intentan eludir la responsabilidad de su propia transgresión cometen un grave pecado contra la gloria de Dios.

Tenemos un ejemplo muy práctico de esto en 1 Samuel. Los israelitas no habían prestado a Dios ninguna atención durante años, hasta que entraron en una gran batalla contra los filisteos. Entonces, alguien dijo: "¡Tenemos problemas! Hemos de pedir ayuda a Dios. Id en busca del arca". El arca representaba la presencia divina y tenía que estar en el lugar santísimo del tabernáculo. Pero aquella nación apóstata pensó que podía sacar partido de ella en la pelea, como si se tratase de algún poderosísimo amuleto.

Cuando el arca llegó a la línea del frente, el pueblo se volvió histérico: "Aconteció que cuando el arca del pacto de Jehová llegó al campamento, todo Israel gritó con tan gran júbilo que la tierra tembló" (1 S. 4:5).

Pero aquella táctica no funcionó, y los filisteos capturaron el arca y la metieron en el templo de su falso dios Dagón. ¡Pronto descubrirían que con Dios no se juega! El Señor comenzó a hacer añicos su ídolo (1 S. 5:1-4) y, por la mañana, los filisteos encontraron a Dagón postrado sobre su rostro delante del arca. Le pusieron de nuevo en pie, pero al día siguiente estaba postrado de nuevo con la cabeza y las manos cortadas. Solo permanecía intacto su tronco de piedra. Y Dios aún no había acabado: "Y se agravó la mano de Jehová sobre los de Asdod, y los destruyó y los hirió con tumores en Asdod y en todo su territorio" (1 S. 5:6). Dios les estaba castigando por su maltrato del arca.

La respuesta de ellos fue de lo más interesante: se nos dice que clamaron al cielo (v. 12); y el capítulo 6 nos relata que decidieron devolver el arca y apaciguar a Dios dándole una ofrenda expiatoria. Al parecer, una plaga de ratones había caído sobre los filisteos al mismo tiempo; de modo que, siguiendo sus costumbres paganas, hicieron ofrendas votivas que incluían reproducciones de las partes afectadas: imitaciones de oro, tanto de los tumores como de los ratones, a fin de dar "gloria al Dios de Israel" (v. 5).

Aquella forma de actuar glorificó a Dios, porque constituía una confesión de pecado: un reconocimiento de que el mal que les había sobrevenido era consecuencia de haber ofendido al Señor. Una vez que hubieron presentado sus ofrendas y hecho su confesión, Dios quedó exonerado, y fue exaltada la santa respuesta que Él había dado a la infamia de ellos. El significado de aquello era, en efecto: "Dios, tenías derecho a actuar como lo hiciste a causa de nuestras acciones". Así glorificaron al Señor.

Cuando el castigo o la disciplina de Dios le sobrevenga, reaccione diciendo: "¡Dios merezco cada porción de ella! Lo sé, porque tú eres santo y tenías que hacerlo". Eso da gloria al Señor.

En 1 Juan 1:9 se nos dice que "si confesamos nuestros pecados, él es fiel y justo para perdonar nuestros pecados, y limpiarnos de toda maldad". Hablaremos más detalladamente de la confesión del pecado en el capítulo 6, pero permítame señalar ahora que la palabra griega traducida "confesamos" es *homologeo*, que significa "decir lo mismo". Confesar quiere decir estar de acuerdo con Dios en que el pecado es totalmente culpa nuestra, y arrepentirnos. Esa acción glorifica al Señor. No tenemos que suplicar a Dios que nos perdone, ya que Él es fiel y justo para perdonarnos tan pronto como convenimos con Él.

Confíe en Dios

Romanos 4:20 nos dice que Abraham "se fortaleció en fe, dando gloria a Dios". A Dios le glorifica que confiemos en Él. La incredulidad duda del Señor e implica que Él no es digno de confianza, lo cual quita valor a su gloria.

¡A veces pienso que el mayor problema para que el mundo

conozca la gloria de Dios es que el mensaje tiene que pasar por nosotros! Nos gusta citar ese versículo que dice: "Mi Dios, pues, suplirá todo lo que os falta conforme a sus riquezas en gloria en Cristo Jesús" (Fil. 4:19); pero luego nos sobreviene alguna crisis y nos derrumbamos. En ocasiones, todo el mundo en el trabajo o en casa se entera de ello. Entonces la gente dice: "¡Vaya Dios que tienes! Ni siquiera tú mismo crees en Él". Dios es glorificado cuando confiamos en Él y descansamos plenamente en la seguridad que nos da. Eso le trae gloria.

Los tres amigos de Daniel son un ejemplo clásico de personas que confiaron en Dios al verse confrontadas por una dura prueba. Cuando estaban a punto de ser arrojados al horno de fuego ardiente, ellos no dijeron: "Tenemos un problema práctico, ¿qué versículo hay para esto?". Simplemente hicieron una declaración lisa y llana: "He aquí nuestro Dios a quien servimos puede librarnos del horno de fuego ardiendo; y de tu mano, oh rey, nos librará" (Dn. 3:17). Y luego añadieron: "*Y si no*, sepas, oh rey, que no serviremos a tus dioses, ni tampoco adoraremos la estatua que has levantado (v. 18, cursivas añadidas). Si se hubieran aterrorizado, echado al suelo y arrastrado por el polvo delante de la estatua de oro, eso no habría proporcionado gloria a Dios; pero, puesto que le confiaron sus vidas, Él fue glorificado ante una nación entera.

Dios siempre recibe gloria cuando confiamos en Él. ¿No cree usted que el Señor cumple su palabra? Naturalmente que sí. Pero ¿vive usted como si Él la cumpliera? Esa es una pregunta más difícil de contestar afirmativamente; por ello muchas veces el mundo no está muy seguro de qué clase de Dios tenemos. Glorifiquemos a Dios confiando en Él: no hacerlo es lo mismo que llamarle mentiroso (1 Jn. 5:10).

Lleve fruto

Dios es glorificado cuando damos fruto abundante. En Juan 15:8, Jesús les dice a sus discípulos: "En esto es glorificado mi padre, en que llevéis mucho fruto". ¿Por qué? Porque el mundo puede ver los resultados de una vida llena del Espíritu.

La Biblia repite muchas veces este pensamiento: "Llenos de frutos de justicia que son por medio de Jesucristo, para gloria y alabanza de Dios" (Fil. 1:11). Dios plantó la semilla y espera que lleve fruto. Su carácter está en juego a los ojos de los hombres, quienes tomarán nota de la fecundidad en la vida del cristiano: "Mas vosotros sois linaje escogido, real sacerdocio, nación santa, pueblo adquirido por Dios, para que anunciéis las virtudes de aquel que os llamó de las tinieblas a su luz admirable" (1 P. 2:9). Para eso estamos aquí, para hacer a Dios visible ante el mundo.

Y Colosenses 1:10 nos lleva un paso más allá: "Para que andéis como es digno del Señor, agradándole en todo, llevando fruto en toda buena obra". Las buenas obras son frutos visibles; si llevamos una vida caracterizada por ellas, el mundo verá y glorificará a nuestro Padre celestial.

Alabe a Dios

El Salmo 50:23 dice: "El que sacrifica alabanza me honrará". La alabanza honra al Señor; y una forma de alabarle es contar las maravillosas obras de Dios. Los creyentes nuevos me preguntan en ocasiones si hay alguna razón para estudiar el Antiguo Testamento. Siempre les respondo con un sí enfático. Dios lo escribió, y cualquier cosa que Dios haya escrito deseo leerla. Cuando cortejaba a mi esposa, ella a menudo me escribía notas breves que me deleitaban y solía leer una y otra vez. Si amas a alguien te interesa lo que esa persona quiere decirte, y lo mismo sucede con el Antiguo Testamento. Puesto que amo al Señor, deseo leer lo que Él ha escrito.

Una razón por la que deberíamos estudiar el Antiguo Testamento es para saber lo que Dios ha hecho en la historia, a fin de contárselo a otros. Podemos decirles: "Dios hizo esto y aquello, ¡qué maravillosas son sus obras!". Los relatos del pasado nos recuerdan continuamente que Él nunca, jamás, ha sido infiel. ¿De qué hablaban los discípulos el día de Pentecostés en lenguas que no habían aprendido? De "las maravillas de Dios" (Hch. 2:11). Ya que los judíos exaltaban tradicionalmente al Señor por sus estupendos hechos, aquella explosión de alabanza captó la atención de ellos. Otra forma de alabar a Dios es atribuirle el mérito de cada cosa. ¿Recuerda cómo Joab peleó contra Rabá y la tomó? Una vez que tuvo en su poder la corona del enemigo, envió a buscar a David para ofrecérsela (2 S. 12:26-31). A menudo he pensado que esa es una buena ilustración de cómo actúa —o debería actuar— el cristiano hacia su Señor. Logramos una victoria en nuestra vida pero no nos ceñimos la corona, sino que se la entregamos a Él, que ha ganado la batalla por nosotros.

Soporte el sufrimiento

La Biblia está llena de ejemplos de personas que sufrieron por causa de Dios. A Jeremías lo encarcelaron, e Isaías —según la tradición— fue aserrado en dos. Esteban murió apedreado; y la historia de la Iglesia narra que todos los apóstoles, excepto Juan, incluyendo a Pablo, sufrieron muertes violentas. Sin embargo, al igual que aquellos mencionados en Apocalipsis 12:11, todos estos "menospreciaron sus vidas hasta la muerte".

Nuestro Señor le dijo a Pedro que moriría crucificado para glorificar a Dios (Jn. 21:18-19); y el propio Pedro subrayó esa idea al escribir: "Si sois vituperados por el nombre de Cristo, sois bienaventurados, porque el glorioso Espíritu de Dios reposa sobre vosotros..., pero si alguno sufre como cristiano, no se avergüence, sino que glorifique a Dios por ello" (1 P. 4:14, 16). Cuando padecemos por causa de Cristo, cuando nos enfrentamos al mundo, hablamos la verdad y soportamos el maltrato; cuando confrontamos al sistema con las afirmaciones de Jesucristo osada y valientemente, glorificamos a Dios. ¡Qué cosa tan estupenda es ser llamados a sufrir por su nombre!

Confórmese

La época en que vivimos se caracteriza por el descontento. Podemos estar insatisfechos con nosotros mismos y con nuestras circunstancias, pero el que nos hizo es Dios, y Él promete suplir todas nuestras necesidades. Cuando tenemos contentamiento, reconocemos la soberanía divina sobre nuestras vidas, lo cual le glorifica. Si estamos disconformes, es lo mismo que poner en tela de juicio su sabiduría, y eso no le proporciona gloria.

El testimonio de Pablo era: "He aprendido a contentarme, cualquiera que sea mi situación. Sé vivir humildemente, y sé tener abundancia; en todo y por todo estoy enseñado, así para estar saciado como para tener hambre, así para tener abundancia como para padecer necesidad" (Fil. 4:11-12).

Se trata del mismo hombre que hace un catálogo de sus sufrimientos en 2 Corintios 11: sus azotes, sus cárceles, sus apedreamientos, sus naufragios, sus peligros, su cansancio y dolor, su hambre y su sed, su frío y su desnudez.

¿Cómo piensa usted que Pablo podía dar gloria a Dios en todo aquello? Él comprendía la manera de obrar del Señor en su vida, y tenía la confianza de que utilizaría todas las cosas — tanto la pobreza como la abundancia, tanto el consuelo como el dolor— para el bien del apóstol y para su propia gloria (Ro. 8:28). Fue Pablo quien expresó: "En nada me gloriaré sino en mis debilidades" (2 Co. 12:5). No dijo: "Me gloriaré a pesar de mis debilidades"; sino "daré gloria a Dios por causa de ellas". He ahí a un hombre conforme con su situación; pero esa misma actitud debería tenerla cada cristiano.

Permítame recalcarlo de nuevo: el descontento es un pecado, porque le roba a Dios su gloria. El cristiano disconforme por la razón que sea —casa, trabajo, posición económica, lugar de residencia, marido, mujer, hijos...— es un pésimo testimonio de la bondad de nuestro Dios. ¿Qué clase de Dios tenemos? ¿Es realmente soberano? ¿Se puede confiar en Él? ¿Somos capaces de estar conformes con cualquier circunstancia en la que nos ponga? David expresó: "Jehová es la porción de mi herencia... Las cuerdas me cayeron en lugares deleitosos..." (Sal. 16:5-6). Lo que estaba diciendo era: "Ya que el Señor es la porción de mi herencia, y que yo le he recibido, los límites que Él pone a mi vida me resultan agradables". Y luego añade: "Y es hermosa la heredad que me ha tocado. Bendeciré a Jehová" (vv. 6-7).

Glorificar a Dios significa alabarle de todo corazón con contentamiento absoluto, sabiendo que nuestra suerte constituye su propósito para nosotros y estar conformes con ella le reporta gloria.

Ore según la voluntad de Dios

Jesús dijo en cierta ocasión: "Todo lo que pidiereis en mi nombre lo haré, para que el Padre sea glorificado en el Hijo" (Jn. 14:13). ¡Qué magnífica promesa! Si yo no fuera cristiano y alguien me refiriese ese versículo, tal vez bastaría para hacerme creyente: simplemente saber que hay un Dios dispuesto a suplir todo aquello que yo le pida.

Sin embargo, hay un requisito que cumplir: "Todo lo que pidiereis en mi nombre". Orar en nombre de Jesús no significa añadir la coletilla "en el nombre de Jesús, amén" a nuestras peticiones para obtener lo que deseamos. Nuestro Señor no estaba dando a sus discípulos algún tipo de "abracadabra" santificado. El nombre de Jesús implica todo lo que Él es y todo lo que Él desea. Orar en su nombre quiere decir hacerlo de acuerdo con su carácter y su voluntad. A medida que voy conociendo más a Cristo y comprendiendo mejor su voluntad, pido lo que pido porque pienso que es lo que Jesús querría que pidiese. En esto consiste orar en nombre de Jesús. No se puede invocar su nombre para algo que va en contra de su carácter.

Jesús prometió que si pedimos en su nombre, Él hará lo que le hayamos pedido "para que el Padre sea glorificado en el Hijo". ¿Por qué Dios, que ya conoce nuestros corazones, quiere que le pidamos? Para poderse glorificar contestándonos. ¿No ha oído usted a nadie ponerse de pie en una reunión de testimonios y decir "tal y tal cosa nos pasaba, oramos acerca de ello y Dios respondió a nuestra oración"? Entonces todo el mundo dice: "¡Gloria al Señor!". De esto se trata: cuando usted ora, y Dios manifiesta su poder, Él recibe la gloria. Oramos diciendo: "Padre, aquí tenemos a una persona enferma, sánala para que tu gloria sea conocida"; y no meramente: "Sana a esta persona porque no queremos perderla".

Dios se deleita en revelar su gloria y contestar las oraciones. Por eso nos manda que oremos: a fin de manifestar su grandeza y de que podamos darle la alabanza que Él es digno de recibir. Quien nunca ora pasa por alto una de las maneras más eficaces de glorificar a Dios.

Proclame la Palabra de Dios

Dios nos ha dado su Palabra porque quiere comunicarse con nosotros. Cuando tomamos esa Palabra y se la transmitimos a otros estamos haciéndoles partícipes de los pensamientos divinos. Por consiguiente, Él es glorificado, debido a su capacidad para hablar. Al declarar la Palabra de Dios estamos dándole gloria.

Pablo escribió a los tesalonicenses: "Hermanos, orad por nosotros, para que la palabra del Señor se extienda rápidamente y sea glorificada, así como sucedió también con vosotros" (2 Ts. 3:1, NVI). ¿Cómo había sido glorificada la Palabra por medio de aquellos creyentes? Porque oyeron y creyeron. Confiaron en Cristo y nacieron de nuevo, y Dios recibió la gloria.

Si yo subiera al púlpito solo para dar mis opiniones, Dios no recibiría la gloria. La gente tal vez saliera diciendo: "¡Qué listo es John MacArthur!". Pues déjeme decirle que sé, por propia experiencia, que eso no es así. ¡MacArthur tiene que pasar horas enteras cada día tratando de descubrir lo que Dios está diciendo, sin pensar en añadir alguna de sus inteligentes ideas! Pero si se proclama la Palabra, la gente vuelve a casa diciendo: "¡Cuán maravilloso es Dios!". Si oyen al Señor hablando en su Palabra, y le responden, eso le glorifica a Él.

Cierto día de reposo Pablo estaba predicando en Antioquía, y la Biblia nos cuenta: "Los gentiles, oyendo esto, se regocijaban y glorificaban la palabra del Señor" (Hch. 13:48). Oían a Pablo predicar la Palabra y glorificaban a Dios.

La exposición clara y precisa de las Escrituras siempre da gloria al Señor. Cada vez que un maestro de escuela dominical enseña a una clase de niños, o que el líder de un estudio bíblico abre la Palabra en la sala de la casa de alguien, o que un padre se sienta con su familia y comienza a hablar acerca de la Biblia, Dios es glorificado. Le honramos cuando damos a conocer su Palabra haciendo que esta se comprenda.

Guíe a otros a Cristo

Dios también recibe gloria cuando las personas logran la redención. Se le glorifica asaltando las puertas de la cárcel de Satanás y liberando de su poder a hombres y mujeres. El Señor quiere que un gran número de personas le den gloria; de modo que cuanta más gente se convierta, tantas más acciones de gracias recibirá, y cuantas más acciones de gracias reciba, más individuos habrá en el coro cantando "aleluya". De eso se trata (2 Co. 4:15).

La gloria de Dios brilla de varias maneras en la salvación de las almas. En primer lugar, cuando el poder de Cristo transforma a alguien, el individuo en cuestión le da gloria; y, en segundo lugar, cuando alguien pasa de muerte a vida, el resto de nosotros, que ya conocemos al Señor, le glorificamos. Cuando una mujer se presenta y nos dice: "Escuchen, tengo algo que decirles: mi marido, por quien hemos estado orando, ha conocido a Cristo esta semana". Todos decimos: "¡Gloria al Señor!". Le damos a Dios la gloria. Así que no solo se ha añadido una persona más al coro que canta el coro "Aleluya", sino que muchos creyentes alaban también al Señor.

Dios va a exhibir a su pueblo ante los ángeles del cielo como muestra de su sabiduría eterna (Ef. 3:10). Seremos los trofeos de Dios en el paraíso. Durante toda la eternidad, el Señor nos presentará como prueba de su multiforme sabiduría, y los ángeles dirán: "¡Así es! Cualquiera que sea capaz de llevar a ese grupo a semejantes alturas, Señor, es sumamente sabio".

Escuchemos lo que dice Efesios 1:12: "A fin de que seamos para alabanza de su gloria, nosotros los que primeramente esperábamos en Cristo". ¿Para qué nos da Dios una herencia? "Para alabanza de su gloria". ¿Para qué nos otorga el Espíritu Santo, que es quien garantiza nuestra herencia, hasta que se ultime nuestra redención? "Para alabanza de su gloria" (vv. 12, 14). Se nos salva de nuestros pecados a fin de que demos gloria a Dios; esa es —como ya hemos visto— la razón por la que somos cristianos. Y, si realmente queremos darle gloria, tendremos la pasión de llevar a otros a Jesucristo.

Evite el pecado sexual

En 1 Corintios 6:18, Pablo nos dice: "Huid de la fornicación". Y nos da tres razones por las que la libertad del cristiano nunca se pensó para permitir el pecado sexual. Este pecado daña, esclaviza y pervierte (vv. 12-20).

Cuando el cristiano cae en pecado sexual, deshonra a Dios; ya que nuestros cuerpos son para el Señor, están unidos a Cristo y constituyen santuarios del Espíritu Santo. El pecado sexual — explica Pablo— vincula al Señor con una prostituta, de modo que ultrajamos a Dios y profanamos el templo del Espíritu. Así que resulta impensable usar el cuerpo que es de Cristo para el pecado sexual.

Cierto amigo mío me dijo que, en una ocasión, vio en una iglesia católica un insólito santuario con un letrero encima que decía: ESTE SANTUARIO ESTÁ AVERIADO, NO ADORE AQUÍ. Un cartel de ese tipo debería colgarse sobre todos los cristianos inmorales.

Y Pablo concluye esta sección diciendo: "Glorificad, pues, a Dios en vuestro cuerpo" (v. 20). Debemos escapar de la trampa de las relaciones sexuales ilícitas, del mismo modo que José huyó de los brazos de la mujer de Potifar cuando ella trató de seducirle (Gn. 39). Dios será glorificado por nuestra pureza como santuarios limpios.

Busque la unidad

Si me preguntaran cuál es la tragedia que más ha dañado el testimonio de la Iglesia en el mundo diría que es la división, la contienda, la discordia, la disensión y la desunión entre nosotros. No resulta extraño que el mundo no tenga una idea clara de la validez del cristianismo cuando algunas de las guerras más grandes suceden entre cristianos. La Biblia dice que debemos amarnos los unos a los otros, para que el mundo sepa que somos de Jesucristo. Las Escrituras nos ordenan, por ejemplo, que ni siquiera llevemos a juicio ante los incrédulos a un hermano en la fe. ¿Por qué? Para que el mundo pueda ver que hay unidad de pensamiento y de propósito en la Iglesia.

Permítame ampliar esto. En Romanos 15:5 leemos: "El Dios de la paciencia y de la consolación os dé entre vosotros un mismo sentir según Cristo Jesús". Nuestro ejemplo es siempre Cristo.

¿Cómo trataba Él a los demás? Lo hacía sin distinciones, y Dios espera eso mismo de nosotros: "Para que unánimes, a una voz, glorifiquéis al Dios y Padre de nuestro Señor Jesucristo" (v. 6).

Pablo amonestó a los corintios diciendo: "Os ruego, pues, hermanos, por el nombre de nuestro Señor Jesucristo, que habléis todos una misma cosa, y que no haya entre vosotros divisiones, sino que estéis perfectamente unidos en una misma mente y en un mismo parecer" (1 Co. 1:10).

Ciertamente, entre los cristianos hay espacio para diferentes puntos de vista sobre cuestiones de índole menor. Podemos discrepar en temas educativos, económicos o políticos, o mantener distintas posturas sobre puntos doctrinales de segundo orden; pero jamás debemos permitir que nuestros desacuerdos rompan la comunión o la unidad con que contamos como miembros del cuerpo de Cristo.

Por otro lado, nunca debemos comprometer la verdad esencial del evangelio por el bien de la unidad externa. No podemos alinearnos con aquellos que, llamándose cristianos, niegan verdades esenciales como son la deidad de Cristo, la salvación por gracia mediante la fe o la inspiración y autoridad de las Escrituras. Los creyentes que hacen concesiones en asuntos como estos, tratando equivocadamente de aparentar unidad, en realidad confunden a los inconversos acerca de las verdades básicas de la Biblia. Esa clase de compromiso no glorifica a Dios. Los que conocemos al Señor debemos mantenernos firmemente unidos en defensa de esas verdades esenciales. Glorificamos a Dios solo cuando, con una misma mente y a una sola voz, proclamamos clara y precisamente a un mundo perdido el mensaje de Cristo.

La gente tendrá en cuenta la unidad de los cristianos: "Dios no es Dios de confusión" (1 Co. 14:33). Cuando un no creyente percibe confusión, da por sentado que el Señor no debe estar obrando allí. De modo que Dios quiere la unidad. En vez de excluir a otros creyentes de nuestro pequeño grupo porque no hacen todo lo que nosotros hacemos, debemos recibirlos, puesto que Cristo los ha recibido. Hacemos esto "para gloria de Dios" (Ro. 15:7). Él es glorificado cuando existe unidad entre los hermanos.

CÓMO DISFRUTAR DE DIOS

Hemos considerado varias maneras de glorificar a Dios, lo cual es únicamente la primera parte de la declaración del *Catecismo*: "El fin principal del hombre es glorificar a Dios". Ocupémonos ahora, brevemente, de la última parte de esa famosa aseveración: "y gozar de Él para siempre". Cuando vivimos para dar gloria a Dios, Él nos responde proporcionándonos un gozo incontenible. A veces pienso que si fuera un poco más feliz, y tuviese más gozo del que tengo, no sería capaz de soportarlo. La vida se vuelve emocionante cuando glorificamos a Dios.

Usted dira: "Bueno, mi vida es dura, y no me gozo en nada". ¿Me permite sugerirle una respuesta? Empiece a glorificar a Dios. Como en el caso del profeta Habacuc, tal vez sus circunstancias no cambien, pero usted lo hará. Él declaró: "me gozaré en el Dios de mi salvación" (Hab. 3:18). Habacuc tuvo que dedicar un capítulo entero de su libro para contar todo lo que sabía acerca de Dios, pero terminó regocijándose. He ahí la norma: viva para la gloria de Dios y llegará el gozo.

El gozo no siempre echa fuera la tristeza, el desaliento, el dolor o el fracaso, pero los cristianos pueden experimentar un gozo sobrenatural aun en medio de estas cosas. De hecho, lo único que es capaz en última instancia de arrebatarles el gozo es el pecado. Cuando nuestro gozo empieza a desaparecer, ello constituye una señal segura de la intrusión del pecado o la incredulidad. ¿Qué podemos hacer en una situación como esa? Ponernos de rodillas y confesar el pecado en nuestras vidas. Tenemos que orar como David: "Vuélveme el gozo de tu salvación" (Sal. 51:12). Entonces damos paso al Espíritu Santo y el gozo regresa.

Cuando vemos a un hermano falto de gozo, sabemos que su vida cristiana está en decadencia. Dios nunca espera que los creyentes se sientan abatidos, deprimidos o desanimados. Él nos quiere gozosos aun en medio de gran tribulación. Jesús dijo: "Estas cosas os he hablado, para que mi gozo esté en vosotros, y vuestro gozo sea cumplido" (Jn. 15:11). Pablo, Pedro, Santiago y el resto de los apóstoles experimentaron un gozo pleno, incluso en medio de grandes tribulaciones y congojas. Ese gozo es el derecho por nacimiento de todo creyente, y aquellos que no echan mano de él están pasando por alto una verdad muy útil y trascendental. ¿Se ha dado usted cuenta de que ser lleno del Espíritu y tener gozo es prácticamente lo mismo? Uno de los frutos del Espíritu es "gozo" (Gá. 5:22-23). El gozo es la consecuencia inevitable de una vida controlada por el Espíritu. Hechos 13:52 nos cuenta que "los discípulos estaban llenos de gozo y del Espíritu Santo". Ambas cosas juntas. "Porque el reino de Dios no es comida ni bebida, sino justicia, paz y gozo en el Espíritu Santo" (Ro. 14:17). La vida llena del Espíritu lleva incorporado su propio gozo.

GOZAR DE DIOS PARA SIEMPRE

El *Catecismo* dice que disfrutaremos del Señor para siempre. Podemos conocer a Dios y gozar de Él ahora, tener gozo en Él en este tiempo y en el futuro. Escuche las maravillosas palabras del Salmo 73: "¿A quién tengo yo en los cielos sino a ti? Y fuera de ti nada deseo en la tierra. Mi carne y mi corazón desfallecen; mas la roca de mi corazón y mi porción es Dios para siempre" (vv. 25-26). El salmista se emocionaba pensando en disfrutar de Dios ahora y por toda la eternidad. Nuestro gozo en el cielo será el mismo que experimentamos aquí, pero el cielo será la expresión plena de dicho gozo sin el estorbo del pecado.

Jesús desea que su gozo permanezca en nosotros (Jn. 15:11). Ese gozo que ahora conocemos en parte es el que experimentaremos perfectamente en el cielo. Tal vez la promesa más grande de toda la Biblia sea: "Y así estaremos siempre con el Señor" (1 Ts. 4:17). ¡Eso sí que es verdadero gozo!

"El fin principal del hombre es glorificar a Dios y gozar de Él para siempre". Ahí tenemos una llave muy antigua para el crecimiento espiritual, pero que abre una puerta decisiva.

4

LA OBEDIENCIA

La apertura de las habitaciones de los criados

Ferdinand Waldo Demara, hijo —también conocido como el Gran Impostor— fue un estudiante que no acabó la enseñanza secundaria. Un libro y una película narraron la historia de su vida y de las muchas ocupaciones que tuvo. Sin credenciales ni preparación alguna desempeñó, en varias ocasiones, cargos universitarios, y fue catedrático de Psicología, monje trapense, asistente del alcaide en una cárcel de Texas y cirujano naval canadiense en Corea. En su papel como cirujano, Demara hizo operaciones de amígdalas, amputó miembros e incluso extrajo una bala del pecho de un hombre. Sin embargo, los únicos conocimientos médicos que tenía eran los que había entresacado de los libros mientras estaba embarcado. Durante algún tiempo, Ferdinand fue profesor de enseñanza secundaria; de hecho, muchos pensaban que era el mejor profesor que había en el centro.

¿Cómo consiguió Ferdinand Demara encontrar empleo en tantas ocupaciones inverosímiles? Desfigurando los hechos, falsificando sus papeles y fingiendo, simulando o abriéndose paso fraudulentamente, de manera descarada, a través de cualesquiera funciones que necesitara para confirmar sus pretensiones de ser algo que no era.

A menudo pienso en Demara como en un símbolo de la forma en que viven muchos que profesan ser cristianos. ¿Es usted consciente de que la iglesia está llena de impostores? Las Escrituras así lo declaran repetidamente. Pablo advirtió a Timoteo: "Los malos hombres y los engañadores irán de mal en peor, engañando y siendo engañados" (2 Ti. 3:13); y cuando partió de Éfeso dijo a los ancianos de la iglesia: "Yo sé que después de mi partida entrarán en medio de vosotros lobos rapaces, que no perdonarán a las ovejas" (Hch. 20:29). Jesús había hecho la misma advertencia a sus discípulos: "Guardaos de los falsos profetas, que vienen a vosotros vestidos de ovejas, pero por dentro son lobos rapaces" (Mt. 7:15); y su parábola del trigo y la cizaña (Mt. 13:24-30, 36-43) es un recordatorio de que Satanás se especializa en plantar creyentes falsos entre los verdaderos.

No debemos olvidar tales avisos. Hay demasiada gente en la iglesia actual que está ansiosa por incorporar e incluir a todo el que afirma ser cristiano. No queriendo mostrarse divisivos, temen poner a prueba la profesión de fe de la gente. Como consecuencia de ello, muchas iglesias hoy día están llenas de personas que afirman tener a Jesús como Salvador pero cuyo comportamiento niega que Él sea el Señor de sus vidas. Los apóstoles dejaron escritas muchas advertencias para la iglesia primitiva acerca de las malas influencias que se estaban introduciendo subrepticiamente en las congregaciones a través de falsos cristianos y maestros. Nosotros debemos mostrarnos igual de precavidos y estar alerta contra esas mismas influencias diabólicas que se dan en la iglesia contemporánea.

Esto saca a colación un asunto interesante y vital: ¿cómo podemos distinguir a los verdaderos cristianos de los impostores? Hay varios criterios para hacerlo; pero, entre los más importantes está la obediencia. Hay personas que profesan la fe en Cristo y, sin embargo, viven una vida desobediente a aquel que confiesan como Señor. Esto indica que algo anda muy mal en sus vidas. Nuestro Salvador hizo esta solemne pregunta: "¿Por qué me llamáis Señor, Señor, y no hacéis lo que yo digo?" (Lc. 6:46).

La gente está en su derecho de mostrarse recelosa con aquellos que dicen creer en Jesús y, sin embargo, no viven a la altura de tal profesión de fe. Santiago afirma que la fe genuina debe dar como resultado una vida de buenas obras (Stg. 2:14-26). Si usted cree de veras en Dios y en su Hijo, tendría que dar muestras de ello con su estilo de vida: lo que decimos y lo que hacemos. Existe una unión indisoluble entre obediencia y fe como dos caras de una misma moneda: resulta imposible separar la una de la otra; aunque haya muchos en la actualidad que estén intentando elaborar una doctrina de la "fe" desarticulada de la obediencia.[1]

NOÉ: UNA VIDA DE FE OBEDIENTE
Podríamos utilizar más de un personaje bíblico para ilustrar la fe que obedece, pero no se me ocurre ningún ejemplo mejor que el de Noé, quien fue un paso más allá que los dos principales ejemplos de fe anteriores a él: Abel y Enoc. Abel representa la *adoración* piadosa; y Enoc, la *conducta* piadosa. Noé, por su parte, encarna el *trabajo* piadoso. De hecho, este último adoró, caminó y trabajó. Es necesario adorar a Dios para poder caminar con Él, y se debe caminar con Él antes de poder trabajar para Él. Este es el patrón divino.

La fe y la obediencia de Noé sobrepasaron con mucho la razón humana. Lo que él hizo ni siquiera tiene sentido para la mente humana. A menos que alguien conozca a Dios personalmente y posea algún tipo de percepción espiritual, será un completo idiota si hace lo que hizo Noé.

Por eso la fe de Noé resulta tan extraordinaria. Él no había visto nada tangible o manifiesto para basar su confianza en Dios; pero la palabra del Señor le fue suficiente. Su vida de fe y obediencia podría sintetizarse en dos rasgos característicos: primero, Noé respondió a la palabra de Dios. Segundo, reprendió al mundo.

NOÉ RESPONDIÓ A LA PALABRA DE DIOS
Hebreos 11:7 nos explica que "por la fe Noé, cuando fue advertido por Dios acerca de las cosas que aún no se veían, con temor preparó el arca en que su casa se salvase". Creyó a Dios hasta el punto de construir un arca. Ahora bien, si consideramos esto superficialmente podría parecer que Noé actuó de un modo bastante temerario; desde luego, eso pensaron sus vecinos, quienes

nunca habían visto una sola gota de lluvia. ¡Cómo debieron de reírse de aquel proyecto de construcción! ¿Por qué estaba haciendo eso Noé? Porque Dios le había dicho: "Noé, el juicio viene; voy a destruir el mundo con agua; mejor será que te construyas un barco". Así que Noé dejó todo lo que estaba haciendo y pasó más de cien años obedeciendo el mandato del Señor.

No sé usted, pero yo, después de setenta u ochenta años, comenzaría a dudar. Al fin y al cabo Noé vivía en Mesopotamia, entre los ríos Tigris y Éufrates, a muchos kilómetros de distancia de cualquier océano. Pero la fe responde a la palabra de Dios. No cuestiona, sino que simplemente obedece.

Noé era un ser humano como nosotros y tenía muchas cosas en que ocupar su tiempo. Dedicar un periodo tan largo de su vida a construir aquel enorme barco suponía un compromiso muy grande. Sin embargo, Noé escuchó a Dios y luego pasó toda su existencia obedeciendo lo que Él le había mandado. ¿No le parece asombroso? Una cosa era correr en busca de la madera que necesitaba y otra muy distinta que un siglo después estuviera embadurnando de brea la estructura. Algunos de nosotros creemos en Dios y nos ponemos de inmediato manos a la obra, pero todo se queda ahí. Jamás vamos mucho más allá de ese punto. Sin embargo, Noé siguió obedeciendo ya que estaba absolutamente convencido de la autoridad de quien le había mandado aquello y, para él, una advertencia era suficiente. Jesús dijo en cierta ocasión que la perseverancia es el distintivo del verdadero discípulo (Jn. 8:31).

Alguno podría alegar que Noé obedeció a Dios por miedo a las consecuencias; pero ese no fue el caso. La epístola a los Hebreos nos explica que su motivación era el "temor reverente" hacia el Señor, no un miedo indigno (He. 11:7, nvi). Noé obedeció por reverencia a la palabra de Dios, lo que implica una piadosa consideración. Trató el mensaje divino con sumo respeto, y preparó el arca no solo para salvarse a sí mismo sino también a su esposa, a sus tres hijos —Sem, Cam y Jafet—, las esposas de estos y una representación de todo el reino animal. ¡Qué fe tan asombrosa mostró aquel hombre!

Lea Génesis 6 y compruebe los hechos fascinantes que tuvieron lugar. Dios le dijo a Noé: "Hazte un arca de madera de gofer; harás aposentos en el arca, y la calafatearás con brea por dentro y por fuera" (v. 14). Se trataba de un reto, para la fe y la obediencia, de proporciones sin precedentes. ¿Qué haría usted si Dios le mandara construir un barco de veinte mil toneladas en medio de un desierto? Piénselo. Uno de los mayores actos de obediencia de la historia tuvo lugar cuando Noé se arremangó y taló el primer árbol. No puedo resistirme a hacer una digresión aquí del tema que estamos tratando. El término hebreo traducido por "brea" es exactamente el mismo que se utiliza para "expiación". Puede ser ambas cosas. Así que muy bien podríamos leer Levítico 17:11 de la siguiente manera: "Porque la vida de la carne en la sangre está, y yo os la he dado para hacer expiación [para que sea como brea] sobre el altar por vuestras almas; y la misma sangre hará expiación [servirá como brea] de la persona". En el arca de la salvación, la brea mantenía las aguas del juicio fuera, y la sangre de Cristo es como la brea en la vida de los creyentes, la cual nos protege contra todo juicio; la brea del arca impedía que entrara el agua, y la sangre de Cristo sella herméticamente al creyente contra el diluvio de la ira divina.

El tamaño del arca

Génesis 6:15 nos da las dimensiones del arca: "De esta manera la harás: de trescientos codos la longitud del arca, de cincuenta codos su anchura y de treinta codos su altura". Dios le dio a Noé un plano verbal. Hay bastante diferencia de opiniones en cuanto a lo que medía un codo antiguamente, ya que tomaba como pauta la distancia entre el codo de un hombre y su dedo corazón. En términos generales, las dimensiones del arca serían de unos 140 m de largo, 23 m de ancho y 14 m de alto; poco más o menos la altura de un edificio de cuatro plantas. Puesto que el arca tenía tres cubiertas, en total ocuparía, aproximadamente, 9000 m^2, lo que equivale a más de veinte canchas de baloncesto. Este tamaño coloca al arca en la categoría de los grandes navíos transoceánicos de acero de nuestros días. Podríamos decir que era algo así como una balsa cubierta, en forma de ataúd, más bien cuadrada y de fondo plano.

Un instructor de la marina dio en cierta ocasión una charla para almirantes en la Academia Naval de la Armada estadounidense, en la que dijo: "Durante siglos los hombres estuvieron construyendo barcos de diferentes proporciones, pero desde que los ingenieros navales británicos descubrieron el diseño del acorazado *Dreadnought*, toda construcción naval se hace según las proporciones de este, ya que han resultado ser científicamente perfectas". Y luego añadió: "Esas proporciones son exactamente las mismas que las que tenía el arca de Noé".

Previsión meteorológica: Lluvia

"He aquí que yo traigo un diluvio de aguas sobre la tierra, para destruir toda carne en que haya espíritu de vida debajo del cielo; todo lo que hay en la tierra morirá" (Gn. 6:17). Eso debió ser difícil de comprender para Noé. Él no tenía idea alguna de lo que era la lluvia, ya que nunca antes había llovido (Gn. 2:5). En vez de ello un vapor que subía de la tierra regaba continuamente el suelo.

Muchos científicos creacionistas creen que la tierra estaba rodeada de una capa de niebla; lo cual ayudaría a explicar la longevidad de aquellos que vivieron antes del diluvio. Puesto que los perjudiciales rayos solares no penetraban aquella capa de vapor, el proceso de deterioro se frenaba en buena medida. Cuando esa capa se deshizo durante el diluvio (Gn. 7:11), aquella protección desapareció, y la vida del hombre comenzó inmediatamente a acortarse.

Más de un siglo de predicación infructuosa

Dios advirtió por primera vez a Noé de que iba a mandar el diluvio mucho antes de que este sucediera; de hecho, aún tardaría 120 años en llegar (Gn. 6:3). Noé muy bien hubiera podido justificarse y acometer la tarea de manera más relajada. Si hubiese sido un indeciso, el arca tal vez nunca se habría construido. Además, durante aquellos largos años Noé estuvo predicando; y lo hizo de manera ferviente y sin tregua, a pesar de que nadie le creía. Como predicador que soy sé que aquello debió de ser difícil de soportar. Sin embargo, él siguió ofreciendo su mensaje.

Quizá, con el paso de los años, Noé empezara a dudar, y tal vez a preguntarse: *¿En qué estaré fallando? He dado este mismo sermón innumerables veces, y no le presta atención...* Seguramente, usted puede imaginar las luchas por las que pasaría aquel hombre obediente mientras trabajaba y predicaba. La gente que pasaba por su lado le señalaría y diría: "Ahí está ese loco de Noé".

Tal vez incluso Noé mismo pensara: *Aunque se produzca el diluvio, ¿cómo va a flotar este monstruo? Especialmente con todos esos diferentes animales a bordo. No tiene ancla, ni mástil, ni timón, ni vela. ¡Lo único que le sobra es superficie!* Pero, a pesar de todo, Noé creyó a Dios y le obedeció.

Dios establece su pacto

En Génesis 6:18, Dios le hizo una promesa a Noé: "Mas estableceré mi pacto contigo, y entrarás en el arca tú, tus hijos, tu mujer, y las mujeres de tus hijos contigo". Esta promesa —como todas las que Dios hace— tiene como fundamento la gracia divina (Gn. 6:8). La gracia solo la da Dios, y la da a quien quiere. Noé era un pecador como los demás hombres —de hecho cayó en un grave pecado después del diluvio (Gn. 9:21)—, pero el Señor le extendió su gracia, simplemente, porque deseó hacerlo. Tuvo a bien mostrarse misericordioso con Noé, perdonarle y hacer un pacto con él.

Génesis 6:19-21 consigna las instrucciones adicionales de Dios a Noé:

> *Y de todo lo que vive, de toda carne, dos de cada especie meterás en el arca, para que tengan vida contigo; macho y hembra serán. De las aves según su especie, y de las bestias según su especie, de todo reptil de la tierra según su especie, dos de cada especie entrarán contigo, para que tengan vida. Y toma contigo de todo alimento que se come, y almacénalo, y servirá de sustento para ti y para ellos.*

Lo que Dios estaba diciendo en esencia era: "Después de que hayas construido ese barco, quiero que metas en él animales y proveas para su cuidado".

Imagínese —si puede— el día en que se cumplió todo aquello. Noé simplemente se sentó en la pasarela esperando a que todos esos animales entraran en el arca, procedentes de todas partes. No tuvo que salir a reunirlos, sino que simplemente llegaron. No hay forma de explicar este hecho más que diciendo que fue Dios quien los metió en manada en aquel barco enorme.

Se ha calculado —desde el punto de vista del espacio— que el arca era capaz de albergar fácilmente a 7000 especies de animales: un número bastante grande, ¿no le parece? Ello no significa que hubiera forzosamente una pareja de cada animal viviente, ya que una especie básica puede generar una amplia gama de variedades. Todos los caballos, por ejemplo —ya fueran de Shetlandia, de carreras, de tiro o del tipo que fuese—, descienden de un mismo antepasado común, y un toro y una vaca muy bien podrían haber sido los representantes de toda la especie bovina. De modo que es muy probable que las especies estuvieran limitadas. Lo razonable es pensar que habría mucho espacio para cada especie animal a bordo del barco. Se ha estimado que existen unas 2500 especies animales, con un tamaño medio equivalente, poco más o menos, al de un gato; lo que requeriría un espacio de menos de 18 cm^2 para vivir. Así que, desde la perspectiva de la logística, no constituía ningún problema meter a todos aquellos animales dentro del arca. Pero todavía nos queda la cuestión del alimento y el cuidado de tan gran número de bestias. ¿Quién los alimentaría? ¿Cómo habría de enfocarse la cuestión sanitaria? Es evidente el enorme problema que supondrían los preparativos para pasar un año entero en ese barco.

Obediencia absoluta

Pero como Noé era un hombre obediente, empezó a construir. "Y lo hizo así Noé; hizo conforme a todo lo que Dios le mandó" (Gn. 6:22). ¡Qué fe tan grande la suya! ¡Qué obediencia tan absoluta! ¡Qué poco se parecía Noé a la mayoría de nosotros! Tal vez Dios quiere que nos responsabilicemos de algún ministerio, o que alcancemos a cierta persona que Él pone en nuestra vida, o que confiemos en Él en una determinada prueba por la que estamos pasando. Si dejamos de obedecer a Dios en tales situaciones con tanta frecuencia, ¡cuánto más si nos mandase construir un arca! Afirmamos creer, pero nuestra fe es infinitesimal comparada con la de Noé, y algunos de nosotros perdemos la paciencia en seguida. Consideramos una gran victoria obedecer durante una semana, ¡pero Noé lo hizo durante ciento veinte años! ¿Y qué base tenía él para su obediencia? Ninguna, aparte de la palabra de Dios. Noé creía que Dios hablaba en serio en cuanto al juicio y a la promesa, así que construyó el arca exactamente como tenía que hacerla. Obedeció a pies juntillas. No escogió los aspectos que quiso obedecer dejando otros fuera. Algunas personas quieren creer las promesas de Dios, pero no sus juicios; sin embargo debemos hacer tanto lo uno como lo otro. Según Charles Spurgeon:

> El que no cree que Dios castigará el pecado tampoco creerá que Él va a perdonárselo mediante la sangre de la expiación... Insto a quienes se confiesan cristianos a no ser incrédulos con respecto a las terribles amenazas que Dios hace a los impíos. Crean en la amenaza, aunque se les hiele la sangre; háganlo, aunque su naturaleza se encoja ante la aterradora sentencia; porque, si no le creen, la incredulidad a Dios en un punto los llevará a no creerle en otros aspectos de la verdad revelada.[2]

Así que Noé creyó a Dios, no solo en cuanto a la promesa que le había hecho de que estaría seguro en el arca, sino también acerca de la inminente destrucción del mundo. Creyó ambas cosas. Le creyó a Dios por entero.

NOÉ REPRENDIÓ AL MUNDO

Noé creyó la palabra de Dios y respondió con fe obediente. Su obediencia reprendió al mundo. Hebreos 11:7 nos explica que "por la fe Noé, cuando fue advertido por Dios acerca de las cosas que aún no se veían, con temor preparó el arca en que su casa se salvase; y por esa fe condenó al mundo". ¿Y de qué manera proclamó Noé su mensaje de condenación al mundo? Construyendo el arca. Ese fue su sermón. Cada vez que alguien que pasaba por allí le observaba u oía cortando un árbol en pedazos, o levantaba la vista y le veía caminar con una tabla sobre los hombros, recibía un sermón en imágenes. Y ese sermón decía: "El juicio viene; el juicio viene; el juicio viene". Sin embargo, nadie creyó a Noé, a pesar de haber estado trabajando durante 120 largos años. Ni siquiera los carpinteros que le ayudaban recibieron su mensaje. Noé debe haber contratado a muchos hombres para asistirlos a él y a sus hijos, porque ellos solos jamás hubiesen podido acarrear las enormes tablas que utilizaban para la construcción del arca. Sin embargo, aunque aquellos obreros le ayudaron a hacer el arca, no se salvaron en ella. Recibieron sus pagas semanales y perecieron en el diluvio. También hoy día hay gente que ayuda en la edificación de la iglesia, con su trabajo y talento, pero lo hacen por propia satisfacción, la alabanza de los hombres u otras causas semejantes. Jesús dijo acerca de esas personas que "ya tienen su recompensa" (Mt. 6:2, 5, 16). Su galardón es meramente terrenal. Están perdidos y perecerán, por no haberse acogido a la seguridad de Cristo.

¿Estaba siendo Dios demasiado severo con aquellos obreros que habían trabajado con Noé en el arca? No. Génesis 6:5 nos dice qué clase de personas eran: "Y vio Jehová que la maldad de los hombres era mucha en la tierra, y que todo designio de los pensamientos del corazón de ellos era de continuo solamente el mal". Cada uno de aquellos hombres era malo en su interior, y Dios lo sabía muy bien. "Pues el hombre mira lo que está delante de sus ojos, pero Jehová mira el corazón" (1 S. 16:7). Dios ve el corazón de las personas.

Pero el corazón de Dios también estaba implicado en el asunto. "Se arrepintió Jehová de haber hecho hombre en la tierra, y le dolió en su corazón" (Gn. 6:6). ¿Quiere esto decir que Dios cambió de parecer? ¿Le sorprendió aquello? ¿Estaba acaso reconociendo que había cometido un error al crear al hombre? No. Se trata de un antropomorfismo: una declaración acerca del Señor en términos humanos. Las Escrituras nos están transmitiendo un sentimiento de tristeza y de pesar de parte de Dios por el estado de la raza humana. Desde el punto de vista del hombre, pareciera que Dios había cambiado de parecer y se lamentaba de haber creado al ser humano, pero 1 Samuel 15:29 nos explica que "la Gloria de Israel no mentirá, ni se arrepentirá, porque no es hombre para que se arrepienta".

El juicio divino

Dios no había cambiado de parecer ni nada por el estilo; era la humanidad la que había cambiado. Todo el género humano se había corrompido tanto que el Señor decidió acabar con la raza entera: "Y dijo Jehová: Raeré de sobre la faz de la tierra a los hombres que he creado, desde el hombre hasta la bestia, y hasta el reptil y las aves del cielo; pues me arrepiento de haberlos hecho" (Gn. 6:7).

Se trataba de una solución radical, pero el problema era mucho mayor de lo que pudiéramos imaginar. Gran parte de la raza se había convertido en una aberración demoniaca. Cuando la Biblia dice que los hijos de Dios cohabitaron con las hijas de los hombres (Gn. 6:2), creo que se está refiriendo a los ángeles caídos. El hecho de que los demonios mantuvieran relaciones sexuales con mujeres había producido evidentemente una raza grotesca —los *nefilim* (Gn. 6:4)—, que era en parte demoniaca. Así que Dios decidió eliminar la raza entera —menos a Noé y su familia— por medio de un catastrófico juicio universal.

¿Estaba siendo Dios demasiado severo? ¿Se había acabado su misericordia? No; el hecho de que la paciencia de Dios se agote y de que Él finalmente juzgue es la única esperanza para este mundo maldecido por el pecado. Si Dios no hubiera actuado mediante aquella destrucción, los hombres tendrían que haber vivido eternamente en un mundo de pecaminosidad y violencia, lo cual sería inimaginable. Deberíamos estar agradecidos de que el Señor juzgue el pecado. Dios es santo y justo, y ha de poner las cosas en orden; pero el juicio solo llega después de un gran ejercicio de paciencia por su parte.

El hecho de que Dios juzgue a un mundo pecador no es ni injusto ni demasiado severo; de hecho, lo que resulta extraordinario es que Dios preservase siquiera a la raza humana. Si Dios hubiera simplemente aniquilado a todo el mundo —incluso a Noé y su familia—, eso habría constituido el fin de la humanidad pecadora sobre la tierra. Él hubiera podido restaurar la tierra al perfecto estado original de la creación. Pero como Dios es misericordioso, deseaba redimir a la humanidad caída, así que preservó a la raza humana en medio de este juicio terrible.

El rechazo de la humanidad

Toda persona posee el conocimiento suficiente de Dios, de modo que no tiene excusa (Ro. 1:19-20). Desde el tiempo de Adán y Eva, el Señor había prometido un Redentor (Gn. 3:15) y, a partir de entonces, entró en vigor el sistema de sacrificios expiatorios. La humanidad sabía cómo acercarse a Dios. Adán vivió 930 años y, tal vez, pasaría la mayor parte de ellos contando a sus descendientes la verdad acerca de lo que el pecado le había hecho a él y al mundo. La predicación de Enoc sirvió como advertencia (Jud. 14-15), al igual que el ministerio de Noé. Pero llegó la hora cuando el Espíritu de Dios dejó de defender la causa. Las personas sabían la verdad, pero la habían rechazado obstinadamente. La vida obediente de Noé sobresalía por encima de todo lo demás a modo de una franca represión para los hombres de su tiempo.

¿Era aquella situación muy diferente de la nuestra? Jesús dijo: "Mas como en los días de Noé, así será la venida del Hijo del Hombre" (Mt. 24:37). Noé predicaba y los demás se reían; del mismo modo que ahora la gente emite sus risitas ante la proclamación del evangelio. Pero en los tiempos de Noé un remanente halló gracia, y hoy día también hay gente que está siendo salvada por la gracia de Dios; no de un juicio con agua, sino de aquel que condena al fuego eterno. Dios necesita más hombres y mujeres como Noé, que le obedezcan sin importarles lo extrañas y difíciles que puedan parecer sus órdenes.

LA MOTIVACIÓN DE LA OBEDIENCIA

Por muy buen ejemplo que fuera Noé, no podemos concluir el tema de la obediencia sin actualizarlo con un concepto neotestamentario. Esto redondeará nuestra comprensión de la obediencia como llave para el crecimiento. Recordará usted que comenzamos el presente capítulo sugiriendo que un criterio para saber si un cristiano es verdadero o falso era midiendo su obediencia personal. Pero ¿cuál es la motivación de la obediencia? ¿De qué obediencia estamos hablando? Veamos lo que nos dice la primera epístola de Juan.

"En esto sabemos que nosotros le conocemos, si guardamos sus mandamientos" (1 Jn. 2:3). La palabra "guardamos" en ese versículo conlleva la idea de una obediencia vigilante y meticulosa. No se hace referencia a obedecer en respuesta a alguna fuerza o presión. No decimos: "Tengo que obedecer, porque si no seré aporreado por el martillo divino". No es eso en absoluto: se trata de una obediencia que responde por puro amor a nuestro Dueño.

Alford's Greek Testament [El Testamento griego de Alford] define el verbo traducido por "guardar" como "vigilar, proteger o preservar cual si de algo precioso se tratara". El verdadero cristiano demuestra que conoce a Dios por el gran deseo que tiene en su corazón de serle obediente. Salvaguardar la Palabra de Dios de forma habitual y permanente con un espíritu de obediencia es el distintivo de la madurez cristiana. Cuando las personas reivindican el cristianismo y, sin embargo, llevan la vida que quieren, pasando completamente por alto los mandamientos de Dios, socavan su propio testimonio y hacen dudar de su pretensión de conocer a Cristo.

La palabra que Juan emplea aquí para referirse a los "mandamientos" también resulta muy significativa: utiliza el término griego *entolé* al menos catorce veces, a fin de señalar los preceptos de Cristo. Pero en su Evangelio, cuando Juan habla de la ley de Moisés, utiliza una palabra diferente: *nomos*. En su primera epístola, Juan quiere destacar los preceptos de Cristo y no tanto la ley de Moisés. Si tenemos un espíritu obediente en cuanto a salvaguardar los mandatos de Cristo, un deseo ardiente de que se honren, y la determinación de obedecerlos, eso constituye una prueba experimental continuada de que hemos conocido a Dios y al Señor Jesucristo.

Cuando alguien se hace cristiano reconoce abiertamente que Jesús es el Señor y, si entroniza a Cristo sinceramente en su vida, se someterá de buena gana a su autoridad. La obediencia es una conclusión inevitable. Si alguna persona llama "Señor" a Jesús, eso da por zanjado el asunto. Aquellos que continúan guardando los mandamientos que Él ha dado, son quienes conocen a Dios realmente y tienen la garantía de ello.

DOS CLASES DE OBEDIENCIA

Pero ¿qué pasa si tratamos de ser obedientes y fallamos? ¿Se nos condena por eso? He luchado con este problema durante tanto tiempo que puedo ayudarle a comprenderlo. Debemos distinguir entre la obediencia *legal* y la obediencia de *gracia*. La obediencia legal es resultado de un esfuerzo en la carne, y exige que se obedezca a Dios absoluta y perfectamente sin incurrir en una sola falla. Si violamos la ley divina, aunque sea una vez, el castigo es la muerte. En esto consiste el pesar y el fracaso de la obediencia legal.

Pero existe también algo llamado obediencia de gracia, y la terminología nos da una pista en cuanto a cómo difieren ambas clases de obediencia. La obediencia de gracia constituye una actitud amante y sincera de obedecer, motivada por la gracia de Dios hacia nosotros. Aunque, a menudo, esa obediencia es defectuosa, es aceptada por Dios, ya que la sangre de Jesucristo borra sus manchas.

¿Entiende la diferencia? Para que la obediencia basada en el esfucrzo humano y carnal tenga algún valor, debe ser perfecta. Pero, con la gracia divina, Dios mira el corazón y no las obras. Estoy contento por ello, ¿y usted? Si Dios me estuviera midiendo por la obediencia legal, pasaría la eternidad en el infierno. Pero Él me mira, y lo que dice es: "MacArthur, a pesar de todos tus defectos, tienes un corazón que desea obedecerme, un espíritu que quiere someterse a mi señorío, aunque con frecuencia fracases".

Para eso sirve la cruz de Cristo. Jesús, al morir, llevó el castigo completo de nuestros pecados y fracasos; por tanto, su sangre puede cubrir todo aquello que es defectuoso en nuestra obediencia diaria. Resulta mucho mejor estar bajo la obediencia de gracia que bajo la obediencia legal.

A fin de que nadie se forme una idea equivocada, permítaseme ilustrar esta cuestión. ¿Obedecieron siempre a Dios los discípulos? Naturalmente que no. Piense, por ejemplo, en los casos de Pedro, Santiago o Juan. Todos ellos le fallaron al Señor y cometieron errores como pecadores que eran. Sin embargo, Jesús pudo decir al Padre acerca de ellos: "Han guardado tu palabra" (Jn. 17:6). ¿Lo habían hecho? ¿Continuamente? Los discípulos se hubieran ruborizado ante la mera sugerencia de algo así. ¿Estaba Jesús midiéndolos por la obediencia absoluta a la ley de Moisés o según su espíritu obediente? Ya conoce la respuesta. Lo que Jesús estaba evaluando en sus discípulos era la propensión, el deseo y la determinación de someterse a Él, y cubrió los defectos de ellos derramando su propia sangre.

La norma divina de santidad sigue siendo la perfección absoluta, pero Cristo ha provisto misericordiosamente para nuestros inevitables fracasos. Si hacemos algo malo o fallamos, Dios no nos considera acabados ni dice que hayamos dejado de ser cristianos. Él considera el flujo constante de un corazón habitado por el espíritu de obediencia. El verdadero cristiano desea someterse a Jesucristo, aunque no siempre consiga hacer real ese deseo; sin embargo, Dios lo reconoce y lo acepta.

Esa clase de obediencia se basa en el amor y no en la ley, en la amistad no en el temor. Hay varios versículos de Juan que destacan esto. Cuando Jesús estaba hablando de su regreso inminente al cielo, no dijo: "Ahora, guarden mis mandamientos; de otro modo..."; sino más bien: "El que tiene mis mandamientos, y los guarda ése es el que me ama" (Jn. 14:21). De manera que obedecemos por amor, no porque tengamos miedo.

Los que no son cristianos, por supuesto, no saben nada de esta obediencia de gracia, y en vez de someterse al señorío de Cristo intentan producir una justicia propia, condenándose, al hacerlo, bajo la obediencia legal: "Profesan conocer a Dios, pero con los hechos lo niegan" (Tit. 1:16). Puede que ellos afirmen tener conocimiento del Señor, pero, a diferencia de Noé, sus obras no los respaldan. En el juicio ante el gran trono blanco, mucha gente dirá: "Señor, Señor, ¿no hicimos muchas cosas maravillosas en tu nombre?". Pero Jesús les responderá: "Apartaos de mí; nunca os conocí" (Mt. 7:21-23). No hay verdadero conocimiento de Cristo que no dé como resultado un espíritu de obediencia por gracia.

EL MODELO DE LA OBEDIENCIA

Así que tenemos el principio de que es posible identificar a un cristiano por su obediencia. Pasemos ahora a hablar del *modelo* de la obediencia. Por modelo quiero decir algo que se puede delimitar. 1 Juan 2:6 expresa: "El que dice que permanece en él, debe andar como él anduvo". "Permanecer" equivale, en los escritos de Juan, a "conocerle", "andar en la luz" o "tener comunión" con Él. Todas esas expresiones denotan salvación. De lo que se trata es de que, si decimos que somos cristianos, deberíamos por norma andar del mismo modo que Cristo anduvo.

Tal vez piense usted: *Ya era bastante difícil guardar sus mandamientos como para que ahora se nos diga que tenemos que andar como Él anduvo. ¡Soy incapaz de hacerlo!* Bueno, el versículo no dice que cada aspecto de nuestro caminar tenga que ser exactamente igual al de Jesús, sino que debemos andar del mismo modo que Él lo hizo. Cristo es nuestro modelo. Hemos de crecer en su semejanza, deberíamos vivir como Él vivió. La obediencia nos transforma más y más en su misma imagen.

Consideremos ahora un par de ejemplos específicos. Filipenses 2:8 nos dice acerca de Jesús que "estando en la condición de hombre, se humilló a sí mismo, haciéndose obediente hasta la muerte, y muerte de cruz". Jesús existía en forma de Dios, pero no insistió en aferrarse a aquella gloria y aquel privilegio. En vez de ello estuvo dispuesto a dejar de lado temporalmente lo uno y lo otro, y se humilló a sí mismo. He ahí el mayor ejemplo de humildad que se ha dado nunca, y el modelo que debemos seguir.

Observe que este pasaje también nos habla de la obediencia de Cristo. Nuestro Señor era obediente en todo: pagaba sus impuestos, guardaba la ley de Moisés al pie de la letra, cumplía con la ley ceremonial y se ajustaba a las estipulaciones divinas de su papel como Mesías. El Evangelio de Juan deja esto muy claro. Jesús dijo: "Porque he descendido del cielo, no para hacer mi voluntad, sino la voluntad del que me envió" (Jn. 6:38). Toda su actitud se caracterizaba por un espíritu obediente. Dijo de nuevo: "No me ha dejado solo el Padre, porque yo hago siempre lo que le agrada" (Jn. 8:29). Y en Juan 14:31 expresó: "Como el Padre me mandó, así hago". ¡Otra vez la obediencia! Cristo fijó la norma, y su amorosa obediencia se convierte así en el modelo según el cual debemos delimitar nuestras vidas.

Este capítulo comenzó con una referencia a cierto hombre conocido como el Gran Impostor. Un día, hace ya muchos años, Ferdinand Waldo Demara, hijo, entró en el despacho de mi padre y comenzó a hablar acerca del cristianismo. Mi padre, un predicador del evangelio, le entregó un tratado de teología sistemática en varios tomos solo como aperitivo. Demara lo devoró en muy poco tiempo y, por último, se hizo cristiano: no de los ficticios, sino un verdadero creyente.

Nos demos o no cuenta de ello, las personas que nos rodean observan nuestra vida en todo momento y oyen el sermón que esta predica. "Y lo hizo así Noé; hizo conforme a todo lo que Dios le mandó" (Gn. 6:22). ¿Puede decirse lo mismo de usted? Crecemos en la semejanza de Cristo a medida que le obedecemos.

5

LA LLENURA DEL ESPÍRITU

La apertura de la central de energía

Hace muchos años se descubrió petróleo en una reserva india de Oklahoma, y la tribu local se hizo rica de la noche a la mañana. Entonces, una multitud de hombres de negocios sin escrúpulos se les vinieron encima, vendiéndoles de todo —desde chucherías sin valor hasta objetos caros y valiosos—, para aprovecharse de la gente antes de que esta comprendiera enteramente el valor de su dinero.

Uno de los hombres de la tribu se compró un Rolls-Royce, y estuvo conduciéndolo durante aproximadamente una semana; pero cuando se quedó sin gasolina supuso que el auto se había averiado o que lo había gastado. No queriendo pasar vergüenza, anunció que, de todos modos, se había cansado de él y ya no lo quería. Uno de sus amigos se hizo con el automóvil desechado, le quitó el motor para reducir su peso y, luego, enganchó el vehículo a un tiro de caballos. Aquel Rolls-Royce fue su medio de transporte durante años.

Mucha gente intenta vivir la vida cristiana del mismo modo. Entendiendo mal el poder del Espíritu Santo, tratan de infundir energía a sus vidas espirituales por otros medios. Procuran generar su propio poder, buscan la asistencia de algún tipo de grupo de apoyo o indagan acerca de otras fuentes de energía. Todo menos recurrir a la única fuente de poder que Dios quiso que utilizaran: su Espíritu que mora en ellos.

Los cristianos somos conscientes de que hemos de diferenciarnos del mundo. Se nos manda que nos amemos los unos a los otros, que obedezcamos al Señor, que oremos por nuestras necesidades, que llevemos vidas santas, que andemos en la luz y que seamos prudentes. Pero, simplemente, no podemos hacer esas cosas con nuestras propias fuerzas o energías. Debemos ser llenados y controlados por el Espíritu Santo, que es el único combustible, la sola fuente de energía que Dios ha provisto para la vida cristiana práctica. Intentar funcionar sin el Espíritu es como ser dueño de un pozo de petróleo y no entender que el producto de ese pozo resulta imprescindible para que nuestro automóvil se desplace.

EL CONTRASTE

Efesios 5 es el pasaje clave del Nuevo Testamento acerca de la plenitud del Espíritu Santo. El versículo 18 dice: "No os embriaguéis con vino, en lo cual hay disolución; antes bien, sed llenos del Espíritu".

A todo el mundo le gusta disfrutar de la felicidad: rebosar gozo, sentirse bien y poder sobrellevar cada situación. Eso no tiene nada de malo. La Biblia dice que hay un tiempo para reír; y habla de gritar de alegría y de nuevas de gran gozo. También hace referencia a un gozo inefable y glorioso. Dios quiere que su pueblo se muestre jubiloso, entusiasta, feliz y optimista. El problema reside en cómo se genera esa felicidad. Algunas personas buscan un paraíso artificial. En nuestro mundo contemporáneo, donde hay tantas cosas sintéticas, podríamos concebir que alguien tuviera la idea de destilar el gozo y embotellarlo. ¡Y eso es exactamente lo que ha ocurrido! Hoy día, millones de personas están buscando frenéticamente alguna alegría artificial en el fondo de una botella.

La embriaguez, naturalmente, es cosa de todos los países y culturas, y el mundo entero se enfrenta a una importante epidemia de alcoholismo. En cierta ocasión visité la selva ecuatoriana y fue necesario tener cuidado para no atropellar a los indios borrachos que andaban por la carretera. Si usted viaje a algunas de las partes remotas de África, descubrirá que incluso las tribus más primitivas cuentan con ciertas bebidas alcohólicas para emborracharse. En Rusia, el alcoholismo ha llegado a ser un problema nacional. Por todo el mundo, el ser humano, incapaz de encontrar la verdadera felicidad, trata de hallarla en el estupor de la embriaguez. Pero lo único que halla es un sustituto barato, falso, mortífero y artificial del gozo verdadero.

En el siglo I, el agua estaba, por lo general, contaminada y había quien mezclaba su agua potable con un poco de vino para matar las peligrosas amebas. La bebida que resultaba apenas tenía poder estupefaciente: el contenido en alcohol era tan bajo que se necesitaban varias garrafas del producto para emborracharse. Sin embargo, los que querían embriagarse ingerían vino sin diluir o mezclar, llamado en las Escrituras "vino" y "licor" (LBLA, NVI). Como es natural, el cristiano que bebiera vino diariamente se sentiría tentado a embriagarse. La Biblia considera repetidamente la embriaguez como pecado y advierte contra ella. Pablo, por ejemplo, excluía a aquellos "dados a mucho vino" de los cargos de anciano y de diácono en la iglesia (1 Ti. 3:3, 8). Y el libro de Proverbios está lleno de prohibiciones contra el exceso de alcohol.

¿Y qué me dice del vino en la sociedad actual? ¿Deberían beber los cristianos? Algunos creyentes dicen: "Bueno, yo no me emborracho. Solo bebo un poco. ¿Acaso está mal?". Esta cuestión se sale en realidad de nuestro tema, pero permítame darle una lista de cinco preguntas clave para ayudarnos a determinar si los cristianos deberíamos ingerir bebidas alcohólicas:

- *¿Creará hábito?* Pablo dijo: "Todas las cosas me son lícitas, mas no todas convienen; todas las cosas me son lícitas, mas yo no me dejaré dominar de ninguna" (1 Co. 6:12).
- *¿Me llevará a la disolución?* Las Escrituras llaman a la embriaguez disolución o exceso (Ef. 5:18).
- *¿Ofenderá a algún hermano que sea más débil?* Si otro creyente sigue mi ejemplo, y cae en pecado, entonces habré sido causa de tropiezo para él (Ro. 14:21).

- *¿Perjudicará mi testimonio cristiano?* Alguien puede observarme y menospreciar mi testimonio por lo que hago (Ro. 14:16).
- *¿Tengo la seguridad de que está bien hacerlo?* De otro modo estaré participando de algo dudoso, lo cual será para mí pecado (Ro. 14:23).

Si los cristianos no deben embriagarse con vino, ¿entonces de dónde han de sacar el gozo y la felicidad verdaderos? La respuesta es bien clara: "Sed llenos del Espíritu" (Ef. 5:18). Nuestra emoción, nuestro regocijo y nuestra felicidad son el resultado de llenarnos del Espíritu Santo, no de vino.

El lenguaje de ese versículo puede parecer un poco chocante: da la impresión de que Pablo estuviera diciendo que deberíamos emborracharnos del Espíritu. Ese es un cuadro sorprendente, pero la Biblia lo repite en diferentes lugares. En Lucas 1:15, por ejemplo, en la profecía acerca del nacimiento de Juan el Bautista, se nos dice: "No beberá vino ni sidra, y será lleno del Espíritu Santo, aun desde el vientre de su madre". En otras palabras, Juan iba a encontrar su gozo y su poder motivador —su combustible— no en una botella, sino en la llenura del Espíritu de Dios.

¿Y qué me dice de Hechos 2, donde se relata la venida del Espíritu Santo sobre los discípulos en Pentecostés? Cuando salieron y empezaron a proclamar el mensaje, los no creyentes que tenían a su alrededor afirmaron que aquellos cristianos estaban "llenos de mosto" (v. 13). Lo que sugerían era que para que alguien se sintiera tan feliz, jubiloso y sociable tenía que estar borracho. Pero Pedro los corrigió, insistiendo en que aquello era obra del Espíritu Santo, no del vino (vv. 15-18).

La idea detrás de esto es que, cuando estamos llenos del Espíritu, el comportamiento resultante se caracteriza por el gozo, la osadía y la falta de inhibición, al igual que alguien manso y tranquilo puede convertirse en todo lo contrario si se emborracha. El carácter de esa persona parece cambiar bajo la influencia del alcohol, volviéndose desinhibida, dando la impresión de que no le importa lo que los demás piensen de ella y abandonándose a los efectos de la bebida. Pablo habla precisamente de esta misma clase de influencia en aquellos a quienes Dios llena con el Espíritu Santo. Estos se entregan completamente al control del Espíritu y el mismo tipo de gozo y regocijo que tantas personas buscan de manera artificial los inunda.

Sin embargo, el apóstol está en realidad contrastando el vino con el Espíritu Santo, no asemejándolos. El vino controla a la persona por completo, pero engendra perversidad en su vida y su corazón. El Espíritu Santo también controla enteramente, pero capacita al individuo para la verdadera rectitud. La influencia controladora del Espíritu proporciona combustible divino para que llevemos una vida diferente, libre y desinhibida, y con ella glorifiquemos a Dios: exactamente lo contrario de lo que es una vida controlada por la embriaguez.

EL MANDATO

Efesios 5:18 nos ordena: "Sed llenos del Espíritu". ¿Qué significa eso? Permítame señalar, antes de nada, algo emocionante y fundamental: todo cristiano posee el Espíritu de Dios. "¿O ignoráis que vuestro cuerpo es templo del Espíritu Santo?", dice Pablo en 1 Corintios 6:19. Si somos creyentes, el Espíritu vive dentro de nosotros, "y si alguno no tiene el Espíritu de Cristo, no es de él" (Ro. 8:9). Así que cada creyente posee el Espíritu. Usted no necesita pedirlo, porque mora en su interior y ha estado allí desde el momento de su salvación.

Pablo nunca dice: "Sean morada del Espíritu". El Espíritu ya habita en el creyente. Tampoco declara: "Sean bautizados en el Espíritu", porque el cristiano fue bautizado en el cuerpo de Cristo cuando se convirtió (1 Co. 12:13). Ni dice el apóstol: "Sean sellados con el Espíritu", puesto que los creyentes ya poseen ese sello. Tener el Espíritu, ser morada del Espíritu, haber recibido el bautismo del Espíritu o haber sido sellados con el Espíritu, son cosas que se efectuaron en usted al momento de su salvación.

Lo que Pablo está diciendo aquí es, literalmente: "Permitan al Espíritu de Dios —que ya está en ustedes— que los llene continuamente". El tiempo del verbo en griego implica "sean constantemente llenos", "manténganse llenos". Es un tiempo de acción continua. Pablo no se refiere a una segunda obra de gracia. Ser llenos del Espíritu no es una experiencia de una sola vez, ni supone subir un escalón para llegar a un nivel más alto de espiritualidad. Ser lleno del Espíritu significa únicamente dejar que el Espíritu de Dios, que ya se encuentra dentro de usted, lo controle. Esta verdad puede verse claramente en el libro de Hechos. Empiece en el capítulo 4 y haga un estudio ininterrumpido hasta el capítulo 13. En esa porción, usted leerá que los mismos discípulos fueron llenos una y otra vez, aquí y allá, en estas o en aquellas circunstancias. También nosotros necesitamos ser llenos vez tras vez, cediendo el control al Espíritu Santo. Jamás llegaremos a una situación en la que podamos decir: "Ya tengo la plenitud, no preciso nada más". La llenura del Espíritu Santo representa una experiencia continua. Nos es posible ser llenos hoy, pero mañana habrá una nueva oportunidad.

BAJO SU INFLUENCIA

Debemos aclarar lo que significa exactamente ser "llenos". Algunos pueden pensar que es como echar un líquido dentro de un vaso para llenarlo. Pero esa no es una buena analogía. Permítame ilustrárselo con un ejemplo sacado de uno de mis primeros libros:

Hay un tipo de gaseosa de distintos sabores que puede prepararse a partir de una tableta efervescente como el *Alka-Seltzer.* Sumerja la tableta en un vaso con agua y su sabor impregnará todo el líquido. Esa pastilla concentrada y compacta tan eficaz no tendrá efecto alguno si se queda en el fondo del vaso. Ha de liberar su energía para llenar el vaso y convertir el agua en algo nuevo. Si la tableta tiene sabor de uva, obtendremos un vaso de gaseosa que sepa a esa fruta, ya que el aroma de la pastilla es lo que determina el sabor del agua.

Esto describe, en cierto modo, cómo actúa el Espíritu de Dios en la vida de las personas. Está presente todo el tiempo en el cristiano, como una fuerza poderosa, compacta y concentrada de energía divina. La pregunta es: ¿Ha tenido la ocasión de liberar su poder para llenar nuestra vida a fin de hacernos como Él es? El cristiano que no se entrega al Espíritu de Dios no manifestará la vida de Cristo. El Espíritu de Dios tiene que impregnar nuestra vida para que esta le irradie. No podemos hacer nada sin ser llenos del Espíritu. Si tengo un guante y le digo que toque el piano, ¿qué hará ese guante? Nada. El guante no puede tocar el piano. Pero si me pongo el guante y toco el piano, ¿qué pasa? ¡Hay música! Al meter la mano en el guante, este se mueve. El guante no adopta una actitud piadosa y dice: "¡Oh mano, muéstrame el camino que debo seguir!". No dice nada; simplemente toca. La gente llena del Espíritu no va por ahí dando traspiés ni murmurando para descubrir lo que Dios quiere que haga. ¡Simplemente se pone en acción!

Las personas se preguntan a menudo: "¿Cómo puedo saber cuál es mi don espiritual?". La mejor manera de descubrirlo es viviendo una vida llena del Espíritu y observando lo que Dios hace por medio de nosotros; y luego mirando retrospectivamente, y diciendo: "¡Ah, eso es lo que hago cuando Dios me controla. Al parecer, ese es mi don". No hay necesidad de ponerse a analizar demasiado. De lo que se trata es de liberar al Espíritu de Dios en nuestras vidas. Es meramente una cuestión de decisiones. Cuando nos levantamos por la mañana, decidimos qué ropa vamos a ponernos. A continuación, decidimos lo que vamos a comer en el desayuno. Y así seguimos durante todo el día: tomando una decisión tras otra. La vida llena del Espíritu consiste en entregar cada decisión al control del Espíritu Santo.[1]

En cierto sentido, así es como el Espíritu Santo llena la vida del cristiano. Él ya está presente en su vida, listo para estallar con su poder. La cuestión no es si lo tenemos o no, sino, más bien, si su poder está llenando nuestra vida y controlando cuanto decimos, pensamos y hacemos. Ser llenos del Espíritu significa permitirle a Él que se libere e impregne nuestra vida entera, llenándonos a todos los niveles, para que podamos llegar a ser como Él.

Para comprender mejor lo que significa ser lleno del Espíritu Santo consideremos algunos pasajes del Nuevo Testamento que se refieren a otros tipos de llenura. En Juan 16:6, por ejemplo, después de que Jesús dijera a sus discípulos que se iba, estos se llenaron de tristeza; esto es, se sintieron abrumados por la pena. En Lucas 6:11, después de que Jesús se presentara como el Mesías, los escribas y los fariseos "se llenaron de furor". En otras palabras, un sentimiento de rabia se apoderó por completo de ellos. Hechos 5:3 nos cuenta que Satanás llenó el corazón de Ananías, dando a entender que este sucumbió al poder del maligno. De esta manera vemos que la palabra "lleno" significa estar totalmente a merced de una emoción, un poder o una influencia particular.

En Hechos 4:31, se nos dice: "Cuando [los creyentes] hubieron orado, el lugar en que estaban congregados tembló; y todos fueron llenos del Espíritu Santo, y hablaban con denuedo la palabra de Dios". El Espíritu de Dios los consumía con su gozo, poder e influencia. En consecuencia, pudieron salir sin inhibiciones, liberados de sus propios egos, totalmente entregados y, de ese modo, predicar a Jesucristo con valentía.

Y lo mismo puede sucedernos a nosotros. Nos es posible quedar tan a merced del Espíritu Santo que seamos plenamente controlados por Él. Entonces, su influencia echará fuera nuestros temores y demás emociones. El resultado será osadía y un enorme regocijo, una felicidad apasionante que sobrepasará a cualquier otra, proporcionándonos gozo sobre gozo, porque Él controla y cautiva cada parte de nuestro ser.

LA MANERA: RENDIRNOS

Ser llenos del Espíritu Santo significa estar por completo bajo su influencia. ¿Cómo sucede esto? Se trata únicamente de rendir nuestra voluntad, nuestra mente, nuestro cuerpo, nuestro tiempo, nuestros talentos y nuestras posesiones —cada una de las áreas de nuestra vida— al control del Espíritu Santo, y decir: "Quiero que el Espíritu de Dios sea la influencia irresistible y controladora de mi vida".

El contexto de Efesios 5:18 indica exactamente lo que significa ser lleno del Espíritu. El apóstol Pablo pasa a enumerar algunas de las cosas que hace una persona llena del Espíritu Santo. La persona llena del Espíritu canta canciones. La mujer llena del Espíritu se somete a su esposo. El esposo lleno del Espíritu ama a su mujer. Los hijos llenos del Espíritu obedecen a sus padres. Un padre lleno del Espíritu no hace enojar a sus hijos. El empleador lleno del Espíritu es justo con sus empleados. Todas esas son manifestaciones de la vida llena del Espíritu.

Revisemos ahora Colosenses 3:16: "La palabra de Cristo more en abundancia en vosotros". ¿Qué sucede cuando esto ocurre? Lo mismo que cuando usted está lleno del Espíritu (vv. 16-23). Por tanto, ser lleno del Espíritu Santo equivale exactamente a permitir que la palabra de Cristo more abundantemente en usted. Deben ser la misma cosa, ya que producen justamente los mismos fenómenos.

Demos ahora un paso más y hagamos una comparación adicional. Ser lleno del Espíritu es estar consciente de Cristo. Es prácticamente lo mismo que participar profunda y generosamente en todo lo que Jesucristo es y en lo que se dice acerca de Él. La verdad que Jesús habló y la que se enseña acerca de Él deberían gobernar cada uno de los actos, palabras, impulsos internos, motivos ocultos y deseos de nuestro corazón. Al estudiar la Palabra de Dios, permanecer en ella y dejarla morar abundantemente en nosotros, nos volveremos cristocéntricos y seremos conscientes de Cristo. Esto es lo mismo que ser llenos del Espíritu.

Para decirlo de otra manera, ser llenos del Espíritu significa vivir cada momento como si estuviéramos en presencia de Jesucristo. Podemos levantarnos por la mañana y decir en nuestro corazón: "Buenos días, Señor. Este día es tuyo, y simplemente quiero que sigas recordándome todo el tiempo que estás a mi lado". ¿Puede haber algo más práctico que eso? Cuando Satanás o sus agentes se presentan para tentarnos, podemos decir: "Cristo, sé que estás en mí. Dame poder. Reprende a Satanás y sus potestades. ¡Señor, Satanás me está tentando y necesito tu fuerza ahora mismo!".

Estar lleno del Espíritu también nos proporciona ayuda práctica para la toma de decisiones. "Señor —decimos—, no sé qué camino seguir. Tengo dos opciones, dos senderos. Muéstrame el camino". Si es usted realmente consciente de Cristo, le dejará que guíe sus decisiones a medida que avanza el día.

¿Ha aprendido usted a vivir consciente de Cristo? ¿Piensa habitualmente en Él y reconoce que está presente en su vida? Esto equivale a estar lleno del Espíritu. Fíjese en 2 Corintios 3:18: "Por tanto, nosotros todos, mirando a cara descubierta como en un espejo la gloria del Señor, somos transformados de gloria en gloria en la misma imagen, como por el Espíritu del Señor". ¡Si fijamos nuestra mirada en el Señor Jesucristo, el Espíritu nos rehará a su gloriosa semejanza! Esto es lo máximo en crecimiento espiritual, y solo sucederá cuando estemos totalmente absortos en Él.

CANTANDO Y ALABANDO

Nos hemos referido una y otra vez al gozo que procede de ser llenos del Espíritu. Dicho gozo es la consecuencia ineludible del control del Espíritu Santo en la vida de alguien. Efesios 5:19 señala el resultado de una vida llena del Espíritu: "Hablando entre vosotros con salmos, con himnos y cánticos espirituales, cantando y alabando al Señor en vuestros corazones".

No importa si es usted bueno o malo cuando canta. De lo que se trata es de cantar y alabar en su corazón. ¿Sabe usted lo que es tener un cántico en su corazón? Si usted está lleno del Espíritu Santo, es inevitable cantar. Esto no es solo mi opinión; la Biblia lo dice. ¿Cómo podría ser de otra manera cuando se posee la alegría y el regocijo del Espíritu? Los cristianos llenos del Espíritu cantamos.

¿Y para quién lo hacemos? "Unos a otros" (Ef. 5:19, NVI). En la iglesia cantamos los unos a los otros. A veces el coro entona un himno para nosotros y, en otras ocasiones, lo hacemos todos juntos o alguien canta un solo. Todos cantamos por el gozo que nos produce estar llenos del Espíritu. Nuestros cánticos son un testimonio de los unos a los otros, no un mero pasatiempo. Debemos ser conscientes del peligro de cantar artificialmente: interpretar canciones como si se tratara de un mero espectáculo egocéntrico, y hacerlo para nuestra propia gratificación carnal en vez de estar motivados por el gozo de una vida llena del Espíritu Santo. Las interpretaciones que no expresan la vida llena del Espíritu se consideran pecado, ya que proceden del deseo de obtener gloria personal.

Además de cantarnos unos a otros, debemos hacerlo "al Señor". ¿Sabe usted que a Dios le encanta oírle entonar canciones cuando está expresando el gozo del Espíritu? La música es el lenguaje de las emociones. ¡Qué maravilloso resulta manifestar directamente al Salvador lo que somos en lo más íntimo! Si esto no constituye la expresión auténtica de un corazón sincero o no está respaldado por una vida recta, no agradará a Dios (Am. 5:23-24).

¿Y qué debemos cantar? Según explica nuestro versículo: "salmos" (canciones sacadas directamente de las Escrituras), "himnos" (del tipo que los discípulos cantaron en el aposento alto la noche antes de que nuestro Señor padeciera y muriera) y "cánticos espirituales" (expresiones personales y apasionadas de nuestro testimonio). La frase "cantando y alabando" es una traducción de la palabra griega *psallo*, que significa literalmente "tocar la lira". Evidentemente, también podemos expresar nuestro gozo con instrumentos musicales. No obstante, ya sea en forma instrumental o vocal, nuestra razón para expresarnos con música ha de ser el gozo irresistible del Espíritu Santo que nos llena.

DANDO GRACIAS

Además de cantar hay otra consecuencia más de la plenitud del Espíritu: la acción de gracias. Efesios 5:20 dice: "Dando siempre gracias por todo al Dios y Padre, en el nombre de nuestro Señor Jesucristo". Los cristianos llenos del Espíritu, conscientes de Dios, dan gracias por todo. Solemos tener una larga lista de peticiones, e incluso de quejas, pero, por lo general, nos quedamos muy cortos en nuestras acciones de gracias.

Esto no podía decirse de cierto dirigente singularmente alegre y lleno de alabanza de los cristianos primitivos: el apóstol Pablo. En cuanto a él hay que decir que la gratitud era una cuestión de principio mucho más importante que la emoción, un asunto mucho más de deber que de éxtasis. Allá donde iba Pablo, lo hacía revestido de un "manto de alabanza" (Is. 61:3, LBLA). Ciertas personas, si es que alguna vez se atavían de agradecimiento, lo hacen como quien lleva una flor en el ojal. ¡Pero no sucedía así con Pablo! La gratitud constituía todo su atuendo. La alabanza se hallaba entretejida en el paño de su vida, y quería que esto fuera igualmente cierto de sus hermanos cristianos en todas partes. Tanta era su insistencia sobre este punto que se lo recomendó enérgicamente a la iglesia de los colosenses en forma de un imperativo en dos palabras: "Sed agradecidos" (Col. 3:15).

En el relato de los diez leprosos sanados por Jesús vemos que solo uno de ellos volvió para darle las gracias (Lc. 17:11-19). Hoy día la acción de gracias sigue perdiendo diez contra uno; está en lamentable minoría.

La acción de gracias no es un acto, sino una actitud. "Y la paz de Dios gobierne en vuestros corazones, a la que asimismo fuisteis llamados en un solo cuerpo; y sed agradecidos" (Col. 3:15). La gratitud inunda el alma con los rayos divinos; mientras que la ingratitud mantiene cerradas las ventanas del alma impidiendo que entre la luz de Dios y convirtiendo la vida en una niebla oscura. Para el cristiano, cada circunstancia debería ser una oportunidad para dar gracias. Como en el caso del profeta Habacuc, puede que no comprendamos, pero hemos de alabar a Dios de todas formas.

Benjamín Franklin anotó lo siguiente en cuanto a la primera fiesta de Acción de Gracias en el Nuevo Mundo: "En un momento de gran abatimiento entre los primeros colonos de Nueva Inglaterra, se propuso en asamblea proclamar un ayuno. Entonces, un viejo granjero se puso en pie, repasó las mercedes que habían recibido y propuso que, en vez de provocar al cielo con sus quejas, designaran un día para dar las gracias". ¡Podemos aprender una buena lección de ello! Tendemos con frecuencia a centrarnos en nuestras lamentaciones, pero hay mucho por lo que podemos dar gracias. Cualesquiera sean las pérdidas que suframos en esta tierra, sabemos que un día los cristianos recibiremos nuestra herencia eterna y divina en la gloria; esto es algo que siempre podemos agradecer. Las cosas por las que estamos agradecidos deberían constituir las prioridades de nuestra vida de oración. Esto es parte integral de la vida llena del Espíritu.

Jesús declaró: "Vuestra tristeza se convertirá en gozo" (Jn. 16:20), y luego utilizó el ejemplo de la mujer que da a luz un niño: sufre un dolor angustioso, pero, una vez que el pequeño ha nacido, su gozo es incomparable. En nuestro caso, el suceso mismo que nos causa tristeza nos producirá alegría, y deberíamos dar gracias a Dios de antemano y regocijarnos por ello. ¡El Espíritu que mora en nosotros generará esa clase de acción de gracias en todo aquel a quien Él llene!

COSAS POR LAS CUALES ESTAR AGRADECIDOS

Las Escrituras están repletas de exhortaciones a ser agradecidos. He aquí algunas de las muchas cosas por las que podemos estarlo:

- *Los dones de Dios*: "[Los alimentos y el matrimonio] que Dios creó para que con acción de gracias participasen de ellos los creyentes y los que han conocido la verdad. Porque todo lo que Dios creó es bueno, y nada es de desecharse, si se toma con acción de gracias" (1 Ti. 4:3-4).
- *La presencia de Dios*: "Gracias te damos, oh Dios, gracias te damos, pues cercano está tu nombre; los hombres cuentan tus maravillas... Pero yo siempre anunciaré y cantaré alabanzas al Dios de Jacob" (Sal. 75:1, 9).
- *La salvación*: "Pero gracias a Dios, que aunque erais esclavos del pecado, habéis obedecido de corazón a aquella forma de doctrina a la cual fuisteis entregados" (Ro. 6:17).
- *La victoria sobre la muerte*: "Mas gracias sean dadas a Dios, que nos da la victoria por medio de nuestro Señor Jesucristo" (1 Co. 15:57).
- *La victoria en la vida*: "Mas a Dios gracias, el cual nos lleva siempre en triunfo en Cristo Jesús, y por medio de

nosotros manifiesta en todo lugar el olor de su conocimiento" (2 Co. 2:14).

- *Todo en general*: "Por nada estéis afanosos, sino sean conocidas vuestras peticiones delante de Dios en toda oración y ruego, con acción de gracias" (Fil. 4:6).

LA MADUREZ ESPIRITUAL

En la vida cristiana solo es posible ser controlado por el Espíritu o bien dominado por la carne. El apóstol Pablo contrastó a las personas espirituales con las carnales. Todos los no creyentes son carnales; no pueden hacer nada al respecto. Por otro lado, los creyentes tienen al Espíritu Santo viviendo dentro de ellos, de modo que son espirituales por naturaleza. Pero, a veces, los creyentes se dejan influir por la carne y pueden comportarse de manera carnal. El crecimiento a la imagen de Cristo se produce solamente cuando somos espirituales, andando en el Espíritu y siendo llenos de este. Si nos conducimos carnalmente, impedimos nuestro propio crecimiento espiritual.

Pablo escribió a los corintios lo siguiente: "De manera que yo, hermanos, no pude hablaros como a espirituales, sino como a carnales, como a niños en Cristo. Os di a beber leche, y no vianda; porque aún no erais capaces, ni sois capaces todavía" (1 Co. 3:1-2). En otras palabras, el apóstol solo los podía alimentar con la leche —las verdades básicas— de la Palabra, porque la carnalidad de los corintios les había impedido crecer espiritualmente. Les faltaban los dientes espirituales necesarios para masticar la comida sólida. El crecimiento puede darse únicamente cuando permitimos que el Espíritu nos controle.

La madurez completa se alcanza únicamente siendo lleno del Espíritu como norma de vida. Recárguese, pues, amigo mío, y póngase rumbo al premio de la semejanza con Cristo.

6

LA CONFESIÓN

La apertura de la cámara de los horrores

En su momento de más poder, el rey David cometió un grave pecado cuyas consecuencias sufriría el resto de su vida. ¿Qué fue lo que hizo? Se encaprichó con la mujer de uno de los oficiales de su ejército, la cual se llamaba Betsabé. La vio bañándose cierto día por accidente en la azotea de su casa y comenzó a codiciarla. Finalmente, Betsabé quedó encinta, mientras su marido estaba fuera del hogar peleando las guerras de David.

El rey trató desesperadamente de ocultar su acción y finalmente decidió que la única manera que tenía de resolver el problema era haciendo que aquel hombre —su amigo— dirigiese un escuadrón suicida contra los filisteos. Así se llevó a cabo y el inocente oficial resultó muerto en la batalla. Después de esto, olvidando interesadamente su conspiración, el rey celebró un funeral militar por el marido de Betsabé y procedió a casarse con su embarazada viuda. Dios nos cuenta toda la historia en 2 Samuel 11.

Con aquellas acciones, David había quebrantado cuatro de los Diez Mandamientos: codició, hurtó, adulteró y asesinó. Cualquier hombre con un poco de sentido moral —y más aún si conoce a Dios— se sentiría preocupado, y hasta desconcertado, por un pecado semejante. Al final, el sentimiento de culpa alcanzó a David, y se obsesionó con su pecado. Le resultaba imposible sacárselo del corazón y la mente, no podía sacudírselo de las manos.

El Salmo 51 nos narra el enorme torrente de confesión que brotó de David. En ese salmo, el rey oró por cuatro cosas: limpieza del pecado le había ensuciado, sanidad de la culpa que le había enfermado físicamente, restauración porque la iniquidad había interrumpido su gozo en Dios, y perdón y misericordia porque sabía que había violado abiertamente el amor y las leyes de Dios. Hoy día se habla con frecuencia de todo el asunto de la confesión del pecado, y creo que necesitamos verlo desde la perspectiva bíblica. La confesión siempre ha sido y será el patrón de la vida cristiana, y constituye una de las llaves esenciales para el crecimiento espiritual.

LAS CONSECUENCIAS DE ENCUBRIR EL PECADO

Los cristianos actuales nos enfrentamos al mismo dilema que David: si intentamos encubrir nuestro pecado —como trató de hacer él durante un año entero— contristamos al Espíritu Santo. La única solución es la confesión, pero requiere que renunciemos a nuestro orgullo. Todos hemos peleado esa batalla.

Puedo recordar que, en mi niñez, tuve que afrontar este asunto de manera directa vez tras vez. Mi madre solía alinearnos a los cuatro hijos contra la pared y preguntarnos: "Muy bien… ¿quién de ustedes lo hizo?". Admitirlo o no admitirlo, esa era la cuestión. Y usted sabe, naturalmente, que esta es una situación recurrente a lo largo de toda la vida. Afortunadamente, aprendí de niño que encubrir nuestro pecado nunca vale la pena y que, además, resulta inútil, ya que a Dios no podemos ocultarle nada.

¿Qué le sucede a quien encubre su pecado o trata de hacerlo? En primer lugar, dejará de recibir la bendición de Dios en su vida. Ello implica consecuencias muy reales y prácticas: "El que encubre sus pecados no prosperará" (Pr. 28:13). Otro resultado del encubrimiento es la enfermedad física. David testificó: "Mientras callé, se envejecieron mis huesos en mi gemir todo el día. Porque de día y de noche se agravó sobre mí tu mano; se volvió mi verdor en sequedades de verano" (Sal. 32:3-4).

El que encubre su pecado en esta vida lo verá expuesto en la siguiente; y cualquiera que se lo confiesa a Dios ahora, jamás lo verá publicado en el más allá. Hay un día de juicio pendiente. Jesús dijo: "Nada hay encubierto, que no vaya a descubrirse; ni oculto, que no haya de saberse. Por tanto, todo lo que hayáis dicho en tinieblas, a la luz se oirá; y lo que hayáis dicho al oído en los aposentos, se proclamará en las azoteas" (Lc. 12:2-3).

Viene el día cuando no habrá ya ningún secreto, cuando los entresijos más íntimos del corazón humano serán revelados. Para los piadosos, ese día será de recompensa; para los impíos, de condenación. Dios juzgará todo pecado que se haya encubierto y toda transgresión secreta se manifestará. Pero el pecado que se haya sacado a la luz en esta vida, y limpiado con la sangre de Jesús, jamás volverá a ser expuesto. "Si confesamos nuestros pecados, él es fiel y justo para perdonar nuestros pecados, y limpiarnos de toda maldad" (1 Jn. 1:9). Lo que está limpio y perdonado nunca se utilizará contra nosotros.

Esta es una de las maravillosas promesas de las Escrituras que los cristianos podemos reclamar. Cuando lleguemos al cielo, Dios no nos señalará nuestros pecados, ya que los habrá alejado de nosotros "cuanto está lejos el oriente del occidente" (Sal. 103:12), una distancia inconmensurable.

Pero los no creyentes que tratan de encubrir sus pecados no cuentan con esta promesa. Sus pecados serán revelados y Dios los juzgará. Apocalipsis 20 dice que Cristo abrirá los libros para descubrir los pecados de sus vidas, los juzgará por todos ellos y arrojará a los culpables al lago de fuego.

Además de esto, los cristianos que intenten encubrir sus pecados individuales se enfrentarán a que Dios los revele y pierdan sus recompensas:

La obra de cada uno se hará manifiesta; porque el día la declarará, pues por el fuego será revelada; y la obra de cada uno cual sea, el fuego la probará. Si permaneciere la obra de alguno que sobreedificó, recibirá recompensa. Si la obra de alguno se quemare, él sufrirá pérdida, si bien él mismo será salvo, aunque así como por fuego.

1 Corintios 3:13-15

Dios juzga el pecado tan severamente porque Él es absolutamente santo. Todo pecado constituye una ofensa personal contra Dios. Cualquiera que peca abiertamente desafía a Dios. Así lo reconoció David, cuando dijo: "Contra ti, contra ti solo he pecado, y he hecho lo malo delante de tus ojos" (Sal. 51:4). David no negó que hubiera cometido pecado contra sí mismo o contra su propio cuerpo, como sucede ciertamente en el caso del adulterio (1 Co. 6:18). Tampoco estaba negando que hubiera pecado contra Betsabé o contra su marido, ni que hubiese pecado contra la nación entera de Israel fallándoles de semejante manera. Pero reconocía que todo pecado es —en primer lugar y sobre todo— una afrenta contra Dios.

Algunas personas tienden a buscar un chivo expiatorio cuando piensan que están confesando su pecado. Adán, por ejemplo, comenzó su reconocimiento de desobediencia diciendo: "*La mujer que me diste por compañera me dio del árbol, y yo comí*" (Gn. 3:12, cursivas añadidas). Hoy día, muchos psicólogos aconsejan a la gente que indague en su pasado e identifique los daños que les ocasionaron sus padres, otras figuras de autoridad y demás personas. Este proceso, supuestamente, ayuda al individuo a comprender sus fracasos y lo libera del daño que se causa a sí mismo. La verdad es que nada de esto resulta útil cuando nos enfrentamos a la culpa; de hecho, no hace más que empeorar el problema. La verdadera confesión del pecado no consiste solo en reconocer que se ha obrado mal, sino en admitir que el pecado ha sido contra Dios y que le ha desafiado personalmente. Para gozar de salud espiritual debemos tratar, no con los agravios que otros nos hayan hecho, sino con el mal que nosotros hemos perpetrado contra un Dios santo.

Así que la primera característica de la confesión es convenir con Dios en que somos irremediablemente culpables. De hecho, la palabra griega que se traduce por confesión es *homologeo*, que significa literalmente "decir lo mismo". Cuando confesamos nuestro pecado, debemos ponernos de acuerdo con Dios sobre nuestro pecado. Es decir, hemos de verlo como Él lo ve, y decir: "Señor, he pecado; estoy de acuerdo con la evaluación que haces de mí".

Así que confesar nuestro pecado no es solo declarar: "Reconozco que lo he cometido; sí, lo reconozco". Se trata de estar totalmente de acuerdo con Dios. Por eso, la verdadera confesión también implica el arrepentimiento: apartarse de los malos pensamientos o acciones. No habremos confesado sinceramente nuestro pecado hasta que lo hayamos abandonado. Si alguien dice: "Lo siento, Dios, confieso tal y tal cosa", y luego continúa practicándola, se engaña a sí mismo. La confesión verdadera entraña un quebrantamiento que produce inevitablemente cambios en la conducta.

Quizá tendemos a confesar nuestro pecado de manera superficial porque no comprendemos cómo Dios lo ve. Necesitamos entender más plenamente lo que quieren decir las Escrituras cuando hablan de confesar. Una mirada más detallada a la confesión de David, en el Salmo 51, nos mostrará tres elementos cruciales de la verdadera confesión: la perspectiva correcta del pecado, la perspectiva correcta de Dios y la perspectiva correcta de nosotros.

LA PERSPECTIVA CORRECTA DEL PECADO

¿Qué implica la perspectiva correcta del pecado? En primer lugar, *un reconocimiento de que el pecado merece juicio*. David oró: "Ten piedad de mí, oh Dios, conforme a tu misericordia; conforme a la multitud de tus piedades, borra mis rebeliones" (Sal. 51:1). El hecho de que pidiera misericordia era porque reconocía su culpa y sabía que no merecía ser exonerado o perdonado. La posibilidad de misericordia existe solamente después de que se ha pronunciado un veredicto de culpabilidad.

¿Cree usted que David corría algún riesgo haciendo aquella oración? ¿Piensa que había alguna probabilidad de que no recibiera misericordia? ¡Entonces lea las magníficas noticias del Salmo 103! "Misericordioso y clemente es Jehová; lento para la ira, y grande en misericordia... Porque como la altura de los cielos sobre la tierra, engrandeció su misericordia sobre los que le temen... Mas la misericordia de Jehová es desde la eternidad y hasta la eternidad sobre los que le temen" (vv. 8, 11, 17). En las

Escrituras vemos muchos casos en los que Dios detuvo su mano del juicio y otorgó misericordia (Esd. 9:13; Neh. 9:19; Job 11:6). Aun así, implorar misericordia presupone que el pecado merece un duro castigo. No debemos dar por sentada la misericordia divina. No olvidemos nunca que la paga del pecado es la muerte. La perspectiva correcta del pecado también reconoce *la necesidad urgente de limpieza*. La oración de David fue: "Lávame más y más de mi maldad, y límpiame de mi pecado" (Sal. 51:2). Él quería que se eliminara de su vida todo pecado inmundo. El pecado deja una mancha profunda, y no basta con una limpieza a medias. ¿Y cuál es el agente limpiador? "La sangre de Jesucristo su Hijo nos limpia de todo pecado" (1 Jn. 1:7). La obra expiatoria de Jesús en la cruz pagó la pena por nuestro pecado. Su sangre se vertió por nosotros para que pudiéramos ser lavados de todas nuestras iniquidades. Sin esa limpieza, estaríamos condenados a una eternidad separados de Dios. Sin embargo, puesto que Él murió por nosotros, podemos quedar "más blancos[s] que la nieve" (Sal. 51:7) y tener acceso a la presencia santa de Dios totalmente limpios.

Una tercera cosa resulta crucial para la perspectiva correcta del pecado: *que aceptemos plena responsabilidad por este*. David escribió: "Porque yo reconozco mis rebeliones, y mi pecado está siempre delante de mí" (v. 3). Como habremos observado, David no culpaba a nadie aparte de sí mismo. Lo que estaba diciendo era: "Dios, te exonero de toda responsabilidad. Soy yo quien ha hecho esto. He pecado. Tú estás justificado, libre de toda culpa. No intento eludir mi responsabilidad". Cuando la persona admite que la culpa del pecado es suya, está avanzando hacia la madurez espiritual.

Y, por último, la perspectiva correcta del pecado reconoce que *pecamos porque somos pecadores por naturaleza*. El pecado no es accidental ni podríamos dejar de cometerlo si resolviéramos con decisión abandonarlo. Estamos totalmente vendidos al pecado como forma de vida. David dijo: "He aquí, en maldad he sido formado, y en pecado me concibió mi madre" (v. 5). El pecado se transmite de una generación a otra en el momento de la concepción. Todos nacemos totalmente depravados; es decir, somos pecadores en cada aspecto de nuestra naturaleza: "Se apartaron los impíos desde la matriz" (Sal. 58:3). La gente es mala por completo desde sus primeros instantes de vida. No podemos evitarlo; forma parte de parte de la naturaleza humana desde Adán.

LA PERSPECTIVA CORRECTA DE DIOS

La verdadera confesión no solo demanda una perspectiva correcta del pecado, sino también una perspectiva correcta de Dios. En el Salmo 51, David menciona varias características divinas y extrae aplicaciones prácticas de ellas. La *santidad de Dios*, por ejemplo, requiere "la verdad en lo íntimo" (v. 6); ello implica que a Él no le interesan nuestros actos externos, sino los pensamientos y los motivos de nuestros corazones. Algunas personas tratan de jugar con Dios realizando un sinfín de ritos religiosos externos. Eso a Él no le impresiona. Dios mira lo que hay dentro, en el corazón.

David también se refiere a *la autoridad de Dios sobre el pecado*: "Purifícame con hisopo, y seré limpio" (v. 7). David expresó su confianza en que si Dios se ocupara de su pecado, haría un trabajo minucioso. Algunos cristianos no creen que Dios pueda cambiar las costumbres pecaminosas de ellos. Sí que puede, pero eso exige confianza y certidumbre por nuestra parte de que Él tiene autoridad sobre las fuerzas del mal. ¡Cuántas veces dejamos de encomendarnos a Dios plenamente para que Él nos dé la victoria!

Después de la santidad y la autoridad divinas, David reconoció *la compasión de Dios*: "¡Hazme oír gozo y alegría; que se regocijen los huesos que has quebrantado" (v. 8, LBLA). ¿A qué se refería David cuando habló de "los huesos que has quebrantado"? Como pastor que era, sabía muy bien que aquellos que cuidan de los rebaños de ovejas a veces tienen que romper la pata de algún cordero desobediente para que no se descarríe. Mientras el hueso roto se sana, el pastor ha de llevar sobre sus hombros al corderillo en cuestión; después de aquello, la oveja seguirá a su pastor de cerca adondequiera que este vaya. David había entendido el mensaje: "Señor, tuviste que romperme las piernas, pero ahora estoy dispuesto a seguirte". Descubría la compasión de Dios incluso en sus castigos.

David también reconoció *la misericordia divina*. Sabía que Dios es perdonador y tiene tanto la potestad como el deseo de perdonar el pecado de quienes verdaderamente se arrepienten. No puedo pensar en una mejor expresión de esto que la que encontramos en Miqueas 7:18: "¿Qué Dios como tú, que perdona la maldad, y olvida el pecado del remanente de su pueblo? No retuvo para siempre su enojo, porque se deleita en misericordia". David comprendía ese aspecto del carácter divino. Es crucial tener la perspectiva correcta de Dios.

LA PERSPECTIVA CORRECTA DE NOSOTROS

Así que la verdadera confesión requiere la perspectiva correcta del pecado, la perspectiva correcta de Dios y una cosa más: que tengamos la perspectiva correcta de nosotros. El Salmo 51 lo deja bien claro. David llegó a reconocer que había de apartarse de su horrible pecado y llevar una vida santa y piadosa.

¿Por qué? Primeramente, *por el bien de los pecadores*. David sabía que para que otros pecadores se convirtieran a Dios (v. 13), él mismo tenía que ser santo. Nadie escuchará a un hombre que esté corroído por un sentimiento de culpa. Además, la culpa cierra los labios de las personas para que estas no den testimonio. Quien alberga un sentimiento de culpa no puede ayudar en nada a aquellos que buscan el descanso de sus pecados. Estoy seguro de que muchos cristianos guardan silencio porque no pueden confesar la justicia divina mientras ocultan sus transgresiones.

En segundo lugar, debemos ser santos *por causa de Dios*, quien se deleita en el "corazón contrito y humillado" (v. 17). ¿Acaso no sabe usted que puede hacer feliz al Señor? Sí que puede: siendo sensible al pecado en su propia vida y quebrantándose delante de Él por dicho pecado.

Y, finalmente, debemos ser santos *por amor a los santos*. En el versículo 18, David ora por otros. Una vez restaurado a la relación debida con Dios, David puede interceder por los demás. Pero no le es posible hacerlo hasta tener primero un estado de pureza en su propia vida.

En resumen, la verdadera confesión solo se produce cuando vemos a Dios tal cual es, comprendemos lo que es el pecado, y vemos a nosotros mismos como somos en realidad y como deberíamos ser.

¿SE NECESITA LA CONFESIÓN PARA SER PERDONADO?

Permítame disipar una idea equivocada que algunas personas tienen en relación con la confesión. Cuando decimos que la confesión implica tanto estar de acuerdo con Dios como arrepentimiento —cuya consecuencia es la tristeza por el pecado—, ¿estamos tal vez diciendo que debamos rogar al Señor que nos perdone? La respuesta es un "no" categórico. ¿Por qué decimos esto? ¡Porque Dios ya ha perdonado el pecado del creyente! Cuando Jesucristo murió en la cruz, llevó sobre sí los pecados de cada cristiano: pasados, presentes y futuros. De manera que al hablar de la confesión no estamos relacionándola con la cuestión del perdón. El perdón tuvo lugar en la cruz. En 1 Juan 2:12 leemos: "Os escribo a vosotros, hijitos, porque vuestros pecados os han sido perdonados *por su nombre*" (cursivas añadidas). En mi vida no hay ningún pecado sin perdonar. Tampoco lo hay en su vida, si usted es cristiano. Dios no inculpa de pecado a sus hijos. Colosenses 2:13 afirma que Él ha perdonado todas nuestras transgresiones y nos ha hecho uno con Cristo.

En cierto programa de televisión que trataba de varios temas religiosos, el presentador invitó a los televidentes a telefonear para preguntar acerca de cuestiones espirituales. Entonces, una mujer llamó por teléfono e hizo la siguiente pregunta:

—En caso de que muriera o de que el rapto ocurriera antes de que hubiese tenido la oportunidad de confesar todos mis pecados, ¿qué sería de mí? Soy cristiana.

—Iría al infierno —contestó el presentador.

¡Eso no es así en absoluto! A los creyentes se les han perdonado todos sus pecados, y el cristiano ya posee la vida eterna en el tiempo presente. Es uno con Cristo. Esto es lo que logró la cruz de Jesús. Nada ni nadie puede separar de Dios a sus hijos (Ro. 8:32-39).

¡ESTOY LIMPIO! ¡ESTOY LIMPIO!

Dedicaremos el resto de este capítulo a considerar el *porqué* de la confesión. Le advierto que navegamos por un mar muy embravecido, ¡de modo que agárrese bien fuerte de la barandilla! Tomando como texto de referencia 1 Juan 1:5—2:2, hemos de examinar tres palabras esenciales que describen a todo cristiano. La primera es *limpios*. "Si andamos en luz, como él está en luz, tenemos comunión unos con otros, y la sangre de Jesucristo su Hijo nos limpia de todo pecado" (1 Jn. 1:7). He ahí una fantástica descripción de lo que es ser cristiano. El verbo griego traducido por "andar" está en el presente del subjuntivo, lo que significa que se refiere a una acción continua y habitual. Juan nos está proporcionando un indicador de nuestro verdadero carácter. Podríamos traducir la primera parte de ese versículo diciendo: "Si están habitualmente en la luz". ¿Quiénes están en la luz? Los cristianos, a quienes se ha puesto en ella y participan de la luz y la vida divinas. Si está usted en el Señor, ello significa que mora en la luz.

El hecho de que los cristianos viven en la luz está muy claro en las Escrituras. Dios es luz, y no hay ninguna oscuridad en él. Nosotros estamos en su luz. Es un hecho irrefutable. Ningún creyente en Cristo puede salirse de esa luz. Nos es posible volver a las obras de las tinieblas ocasionalmente, pero esas obras son contrarias a nuestra nueva naturaleza. Moramos en la luz.

Desde el punto de vista intelectual, la luz hace referencia a la verdad (Jn. 12:35-36, 46; Hch. 26:18, 23; 2 Co. 4:4, 6) y, desde el punto de vista moral, está relacionada con la santidad o la pureza (Ro. 13:11-14; Ef. 5:8-14; 1 Jn. 2:8-11). Dios es verdad y santidad, y ningún pecado le alcanza. Y nosotros estamos en Él. ¡Qué pensamiento tan estupendo!

Puesto que andamos en luz, "tenemos comunión unos con otros". Podríamos pensar que "unos con otros" significa entre los cristianos, pero no es así; se refiere a Dios y a nosotros. Eso no resulta evidente en la traducción al español, pero sí en el texto griego. A medida que andamos en la luz, tenemos comunión con Dios, y Él tiene comunión con nosotros. La palabra "comunión" significa "sociedad": somos asociados de Dios y participamos de la vida juntamente con Él. ¿Cuál es el resultado de esto? "La sangre de Jesucristo su Hijo nos limpia de todo pecado". Ya aludimos a esta cuestión en páginas anteriores, y es provechoso que la consideremos con mayor profundidad ahora. La "sangre" nos habla simbólicamente de la muerte de Cristo. Como escribe Pedro: "Fuisteis rescatados de vuestra vana manera de vivir, la cual recibisteis de vuestros padres, no con cosas corruptibles, como oro o plata, sino con la sangre preciosa de Cristo, como de un cordero sin mancha y sin contaminación" (1 P. 1:18-19). La sangre simboliza la muerte del Salvador. Su sangre vertida constituye una provisión constante para nuestra limpieza. Es decir, Cristo solo necesitó morir una vez a fin de salvarnos para siempre de nuestros pecados. No tiene necesidad de pagar nuevamente el precio cada vez que pecamos. La propiciación hecha una vez por todas sigue limpiándonos del pecado.

Apocalipsis 1:5 también habla de lo mismo: "Al que nos amó, y nos lavó de nuestros pecados con su sangre". Cuando Jesús pagó el precio de nuestro pecado vertiendo su sangre, esa sangre se convirtió en un agente limpiador que nos lava de nuestras transgresiones. No porque la sangre de Cristo tuviera alguna cualidad mágica o de carácter místico, sino porque la entrega de su vida constituyó el pago por nuestro pecado. El derramamiento de la sangre de Jesús fue la manifestación visual de que su muerte era un sacrificio por nuestros pecados.

En el sistema sacrificial del Antiguo Testamento, la sangre de un animal sacrificado se esparcía literalmente por todo el templo, se rociaba sobre el altar mismo e incluso se le aplicaba al pecador que traía el sacrificio. Esa sangre identificaba al pecador con el cordero expiatorio. Y, de un modo similar, la muerte expiatoria de Cristo nos alcanza solo cuando nos identificamos personalmente con Él. No se nos rocía literalmente con su sangre, pero el hecho de identificarnos de manera personal con la muerte de Jesús equivale precisamente a eso. Por esta razón, la Biblia habla simbólicamente de la sangre como el agente que nos limpia de nuestros pecados.

LA CONDICIÓN PARA QUEDAR LIMPIOS

¿Hay alguna condición estipulada para nuestra limpieza? Solo una: que andemos en luz. Como ya hemos visto, andar en la luz significa ser cristiano. Si usted lo es, se beneficia de una limpieza absoluta, total, completa y continua de todo pecado. Esto es lo que afirma 1 Juan 1:7. No hay otra condición para la limpieza que estar en la luz.

—No, no —puede que alguien objete—, eso no es así. Este versículo implica que deberíamos andar en luz. Lo que dice es: "Muy bien, cristianos, si se toman las cosas en serio y andan en la luz, tendrán comunión y serán limpiados".

Esa es una interpretación muy corriente pero equivocada de este pasaje. Si dicha interpretación fuera correcta, el versículo estaría diciendo efectivamente: "No pequen porque, si lo hacen, estarán en tinieblas". De modo que leámoslo de esta manera: "Si no pecan, la sangre de Jesucristo los limpiará de todo pecado". Pero eso no es lo que necesitamos; lo cual significaría que podemos ser limpiados cuando en realidad no precisamos de ello. ¿Qué valor puede tener que se le limpie cuando ya está siendo bueno? La implicación sería que la limpieza y el perdón solo están disponibles para los que no pecan.

En vez de eso, el versículo significa que si usted y yo estamos andando en la luz de Dios, aunque el pecado venga a nuestras vidas, seguiremos siendo hijos de luz, y seremos limpiados de continuo de ese pecado, porque ninguna oscuridad puede invadir la luz divina. Así que Dios nos limpia, nos limpia y vuelve a limpiarnos continuamente gracias al sacrificio de Cristo.

¿No resulta emocionante? ¡No tenemos ni un solo pecado sin limpiar en nuestra cuenta! En vez de culpables e inmundos, somos limpios de manera continua. Cuando aparece algún pecado, Dios nos limpia porque estamos en luz. En Cristo no hay ninguna oscuridad, y Él nos mantiene puros.

Efesios 1:7 nos explica que recibimos de Cristo "redención por su sangre. El perdón de pecados según las riquezas de su gracia". ¿Y cómo es de completo ese perdón? "Según las riquezas de su gracia". Hebreos 10:14 también nos recuerda que la ofrenda de Cristo "hizo perfectos para siempre a los santificados". Una sola ofrenda —su muerte en la cruz— tuvo como consecuencia nuestra limpieza completa, no solo por un tiempo, sino por la eternidad.

Ahora soy apto para entrar en la santa presencia de Dios y me dirijo a la gloria sin paradas intermedias. Los cristianos están siempre en la luz, siempre en comunión y siempre limpios. ¡Esto es magnífico!

Permítame darle una idea de cómo funciona esto. Cuando nuestro Señor lavó los pies a sus discípulos, Pedro se escandalizó de que su Señor se rebajara a realizar tan humilde tarea, y le dijo: "No me lavarás los pies jamás" (Jn. 13:8). El orgullo de Pedro se sintió ofendido. Lavar los pies era un trabajo de siervos. Como ninguno de los discípulos estaba dispuesto a hacerlo, Jesús había tomado un lebrillo y una toalla, y estaba lavando los pies de sus propios discípulos. Aquello suponía una inversión inusitada de papeles: el Maestro lavando los pies de sus discípulos.

Jesús le respondió: "Si no te lavare no tendrás parte conmigo" (v. 8). Y Pedro, que parecía ser bastante hábil para decir lo incorrecto, replicó con entusiasmo: "Señor, no sólo mis pies, sino también las manos y la cabeza" (v. 9).

Jesús le dijo: "El que está lavado no necesita sino lavarse los pies, pues está todo limpio; y vosotros limpios estáis" (v. 10). El que se ha bañado está limpio. En el siglo I, las personas andaban por caminos polvorientos y, generalmente, se les ensuciaban los pies. Como no podían bañarse cada vez que iban a algún sitio, solían lavarse los pies. Se trataba de un retoque, no de una limpieza completa.

Jesús se estaba refiriendo a algo parecido en el terreno espiritual. Lo que quería decir era: "Una vez que han sido lavados con mi sangre, todos sus pecados están perdonados. Lo único que necesitan es lavarse los pies del polvo de este mundo, y yo seguiré limpiándolos; no precisan otro baño".

Esto ilustra maravillosamente la limpieza posicional y la santidad del cristiano en la salvación, y nos promete que Jesús continuará manteniéndonos limpios cada día mientras andemos por este mundo. No necesitamos ser salvos una y otra vez. La salvación es una transacción única. No se puede repetir.

LA CONFESIÓN ES BUENA PARA EL ALMA

Si la primera palabra que describe a los creyentes es *limpios*, la segunda es *confesantes*. "Si confesamos nuestros pecados, él es fiel y justo para perdonar nuestros pecados, y limpiarnos de toda maldad" (1 Jn. 1:9).

Ya he señalado que en el versículo 7 no había ninguna condición para ser limpiados; pero ahora estamos en el versículo 9. El versículo 7 considera la cuestión desde el punto de vista de Dios, y el versículo 9 lo hace desde el nuestro. Puede que alguien me dé un codazo y me diga: "¡Me lo esperaba! Acaba usted de afirmar que Cristo se hace cargo incondicionalmente de nuestros pecados, y ahora este versículo me dice 'si confesamos'. ¡Después de todo sí hay una condición!".

No, en realidad no la hay. No se trata de una *condición* para que Él nos limpie, sino de una *característica* de quienes Él continuamente limpia. Permítame explicarle lo que quiero decir. Dios perdona y limpia a causa de la muerte de Cristo. Lo hace en un instante, pero solo por aquellos que están de acuerdo con Él acerca de su pecado. Podríamos leer 1 Juan 1:9 de esta manera: "Si somos de los que confiesan sus pecados, Él es fiel para perdonar nuestros pecados". ¿Y quiénes son los que confiesan? Los cristianos. ¿Lo entiende ahora? Este versículo no está diciendo: "Tienen que confesar sus pecados o de otro modo no los perdonaré". Lo que declara es, en efecto, que Dios está constante, habitual y eternamente limpiando los pecados de aquellos que los confiesan, lo cual es otra definición de los cristianos. El cristiano es alguien que concuerda con Dios en que es pecador. Por tanto, quienes admiten que son pecadores son los que están siendo limpiados.

Observe también que este versículo dice que Dios es "fiel" para perdonar. Lo es porque ha prometido que limpiaría y perdonaría, que mostraría misericordia para con aquel que confesase (Pr. 28:13). En Jeremías 31:34 dijo: "Perdonaré la maldad de ellos, y no me acordaré más de su pecado". Dios es fiel porque cumple lo que prometió. Pero nuestro pasaje añade que Dios es "justo" o recto cuando hace esto. ¿Cómo podría ser justo Dios al hacer tal cosa? ¿No exige más bien la justicia que el pecado sea castigado? Sí, pero Jesucristo ya sufrió el castigo y, al hacerlo, satisfizo la justicia divina. Romanos 3:23-26 nos cuenta que nuestro Señor fue crucificado para manifestar la justicia de Dios, "a fin de que él sea el justo, y el que justifica al que es de la fe de Jesús" (v. 26). Dios planeó la salvación de tal manera que Él puede a la vez justificar a los pecadores y mantenerse justo Él mismo.

Con frecuencia, un vistazo al idioma original ilumina los puntos difíciles. Cuando 1 Juan 1:9 habla de perdonar, el verbo que utiliza está en un tiempo que implica un hecho puntual, definido y único, en lugar de una acción continua. Juan no está diciendo que los creyentes puedan vivir en pecado constante y permanentemente, sino que se refiere a esos actos pecaminosos excepcionales, fortuitos y esporádicos en la vida del cristiano. Dichos actos ocurren y deben confesarse.

El verbo griego traducido por "confesar" aparece en este versículo en el presente continuo, y se refiere a una confesión de pecados constante, no a un acto puntual. Se trata de una actitud permanente de conformidad con Dios en lo concerniente a nuestros pecados. Así que la confesión del verdadero creyente es continua y habitual. Dios sigue perdonando a aquellos que confiesan: a quienes están de acuerdo con Él en que son pecadores. De modo que el hábito invariable en las vidas de estos es reconocer delante de Dios que tienen pecado. Cuando hacen tal cosa, los confesantes revelan ser aquellos que han sido verdaderamente perdonados —los auténticos cristianos—, en contraposición a los no creyentes, cuya costumbre es la de negar el pecado en sus vidas (vv. 8, 10).

Permítame ilustrar esto considerando la palabra *fe*. Según Efesios 2:8-9 —y un sinfín de versículos más del Nuevo Testamento—, somos salvos por medio de la fe. Sin embargo, ¿puede una persona salva dejar de creer? Por supuesto que no. Si su fe es verdadera, ciertamente seguirá existiendo. Creer no es algo que tenga lugar una vez. En 1 Juan 5:1 leemos: "Todo aquel que cree que Jesús es el Cristo, es nacido de Dios". Esto podría traducirse literalmente como: "Cualquiera que está creyendo... es nacido de Dios". Eso fue lo que Jesús quiso dar a entender cuando dijo: "Si vosotros permaneciereis en mi palabra, seréis verdaderamente mis discípulos" (Jn. 8:31). Como lo expresó Juan: "¿Quién es el que vence al mundo, sino el que [está creyendo] que Jesús es el Hijo de Dios?" (1 Jn. 5:5). Así que la fe auténtica dura para siempre.

Si la confesión de pecado que conduce a la salvación es real, el pecador seguirá también estando de acuerdo con Dios acerca de su propio pecado. Lo que nos trae a Jesucristo —haciéndonos reconocer nuestros pecados y creer en Él— permanece a lo largo de toda nuestra vida cristiana. Eso es lo que está diciendo el Espíritu de Dios. Aquellos que son salvos continuarán creyendo y, asimismo, confesando sus pecados. Tal vez podría resumirse esto en una frase formada por siete importantes palabras: *la confesión continua caracteriza a los cristianos*.

Pueden darse diversos grados de confesión. Algunas personas tal vez confiesen más a menudo que otras. Hay quienes son más sensibles a su pecado que los demás cristianos. E incluso puede haber distintos grados de arrepentimiento. Algunos cristianos parecen experimentar un arrepentimiento más completo o profundo que el de otros cristianos. ¿No podría decirse lo mismo de la fe? Algunos tienen más fe que otros. Jesús afirmó que hasta una fe tan pequeña como un grano de mostaza es suficiente (Mt. 17:20). A pesar de ello, tanto la confesión como la fe deben estar presentes en cierta medida, y mientras crezcamos en la vida cristiana nos encontraremos confesando más y creyendo con una fe más fuerte que al principio.

Tenemos que ser sinceros en este terreno. La bendición de Dios está reservada para el corazón que confiesa. Si tenemos una relación superficial con Dios, nuestra confesión será también superficial: "Oh, Señor, hoy he vuelto a pecar, y lo sabes. Son muchas las cosas que he hecho mal, y no tengo tiempo para abordarlas. Amén". Seguramente ha oído usted decir a ciertas personas: "Naturalmente que soy pecador, ¿acaso no lo somos todos?". Si esa es su actitud en cuanto al pecado, me veo obligado a decirle que debe examinarse para ver si es un verdadero creyente (2 Co. 13:5). No se conforme con admitir tácitamente que es pecador; convenga con Dios acerca de su propio pecado. Si pudiera ver desde el fondo de su corazón, tan solo una vez, la profundidad de sus pecados como Dios la ve, su vida jamás volvería a ser la misma.

¿PUEDE EL CRISTIANO NO ESTAR EN COMUNIÓN CON DIOS?

Algunas personas dicen que la confesión es importante porque restaura nuestra comunión con Dios, la cual —creen— queda rota por el pecado: pecamos y se rompe la comunión; confesamos y la comunión se restaura. Pero eso no es lo que enseñan las Escrituras. Nuestra comunión con Dios no sufre variación alguna a pesar de cómo fallemos. El pecado no puede romper la comunión verdadera y por tanto la confesión tampoco es capaz de restaurarla. Nos ha desviado la comprensión habitual de la palabra *comunión*. Solemos darle el sentido de "amistad, intimidad, relación entre personas". Pero la palabra griega es *koinonía*, que significa "sociedad". Nuestra asociación con Dios jamás puede romperse por el pecado, Satanás o ninguna otra cosa en el universo (Ro. 8:32-39). Es cierto que algo sucede cuando pecamos, pero no se trata de una ruptura de la comunión sino de la pérdida del gozo. "Estas cosas os escribimos, para que vuestro gozo sea cumplido" (1 Jn. 1:4). Aunque nuestra comunión no se rompa, sí que podemos ensuciar nuestras vidas de tal manera que perdamos ese gozo. Muchísimos cristianos lo han hecho.

No niego que al pecar el creyente pierda cierta intimidad, calidez en la experiencia y el sentido de cercanía con respecto a Dios.

Algo desaparece realmente, pero las Escrituran se refieren a ello más bien como una pérdida del gozo y no de la comunión. ¿Cuál es la manera más rápida de recuperar el gozo de nuestra salvación? Haciendo lo que hizo David: confesar y orar. Pidamos: "Vuélveme el gozo de tu salvación" (Sal. 51:12). Dios, entonces, nos restaurará su gozo.

GANAR LAS BATALLAS

Hasta ahora hemos visto que la *limpieza* y la *confesión* caracterizan la vida cristiana. Una tercera cualidad común a todos los creyentes es la *victoria*. Dios libera al cristiano. Le da la capacidad de hacer por primera vez lo correcto. No podíamos hacer tal cosa antes de ser salvos. Estábamos muertos en nuestros delitos y pecados, y éramos esclavos del pecado. La única opción que teníamos era pecar. Ahora contamos con la fuerza para prevalecer contra el pecado.

¿Quién necesita eso? —puede decir un cristiano en su interior o a viva voz—. *Puesto que voy ser un pecador el resto de mi vida, y tengo que seguir confesando mis pecados, no hay necesidad de que me esfuerce por conseguir la santidad; de todos modos ya estoy limpio. Viviré simplemente como me plazca.*

Juan responde así a esta filosofía: "Hijitos [tenía noventa años cuando escribió esto, de modo que podía utilizar una expresión así], estas cosas os escribo para que no pequéis" (1 Jn. 2:1). ¡Cómo me gusta eso! Jamás oirá usted una exhortación más sencilla: "¡No pequen!".

Tal vez se esté preguntando: *¿Por qué dijo Juan tal cosa? Si siempre voy a seguir confesando y Dios continuamente me limpia de pecado, ¿no resulta ridículo pedirme que no peque?*

No, no es ridículo, porque no *tenemos* que pecar. Parece una contradicción, pero no lo es. Dentro de cada creyente reside el poder capaz de obtener la victoria sobre el pecado. Por eso empleo la palabra *victoria*. Podemos vencer al pecado. "Porque el pecado no se enseñoreará de vosotros; pues no estáis bajo la ley, sino bajo la gracia" (Ro. 6:14). El pecado ya no tiene poder sobre aquellos que están en Cristo. Romanos 8:13 explica que podemos mortificar el pecado, hacerlo morir. Los incrédulos no pueden vencerlo, pero los cristianos ciertamente sí.

Una característica indiscutible de la madurez espiritual es la disminución de la frecuencia con que pecamos. ¿Por qué iba Dios a decirnos que no pecásemos si no tuviéramos elección en el asunto? Pablo dijo lo mismo a este respecto: "Velad debidamente, y no pequéis" (1 Co. 15:34); "Airaos, pero no pequéis" (Ef. 4:26); "Porque la gracia de Dios se ha manifestado para salvación a todos los hombres, enseñándonos que, renunciando a la impiedad y los deseos mundanos, vivamos en este siglo sobria, justa y piadosamente" (Tit. 2:11-12). En otras palabras, no debemos pecar. En cierta ocasión prediqué un sermón titulado "Cuatro cosas que el Espíritu hace por usted, le guste o no". Y entre esas obras soberanas del Espíritu Santo estaba el subyugar la carne. Usted no puede tener la victoria en su carne, pero el Espíritu que está obrando en usted sí puede.

JESÚS NUESTRO ABOGADO

Concluyamos esta sección acerca del pecado y la confesión con el breve resumen que nos presenta Juan: "Si alguno hubiere pecado, abogado tenemos para con el Padre, a Jesucristo el justo. Y él es la propiciación por nuestros pecados; y no solamente por los nuestros, sino también por los de todo el mundo" (1 Jn. 2:1-2). El apóstol dice, en efecto, que si pecamos tenemos a Alguien que nos sustituye. Nuevamente, no está hablando de una desobediencia habitual o del pecado como forma de vida, sino de esos actos pecaminosos individuales que interrumpen nuestro caminar en la fe. Cuando cometemos un acto así, Dios nos limpia del pecado.

¿Qué es un abogado? Es el mismo término *paracletos*, que aparece en Juan 15:26 y que significa "uno llamado al lado para ayudar". Se trata de un abogado defensor. ¿Cree usted que Dios nos acusa cada vez que pecamos? No lo hace, pero Satanás sí: "Míralo, Dios, ese hijo tuyo ha pecado". El diablo actúa como fiscal.

Pero nuestro Abogado —el Señor Jesucristo— se pone en pie y dice: "Está solucionado, Padre. Yo llevé ese pecado en mi cuerpo.

Pagué el precio del castigo". El Justo que nos ha salvado de toda injusticia, Aquel que es santo y ha ofrecido el sacrificio perfecto, nos defiende personalmente. De modo que los planes de Satanás se ven frustrados. "¿Quién acusará a los escogidos de Dios?", pregunta Romanos 8:33.

Ahí lo tiene: Al ser redimidos por el Señor Jesucristo, Dios nos limpia de todo pecado. Como personas limpias, confesamos nuestros pecados. Y puesto que confesamos nuestros pecados, vencemos. Por muy profunda que sea su culpa y frecuente su fracaso, venga a Dios con una confesión contrita y permítale hacer su obra en usted.

Una de las escenas más emocionantes de la literatura inglesa es el final de *Mutiny on the Bounty* [El motín de la Bounty]. A algunos marineros se les está sometiendo a consejo de guerra ante la Armada británica, acusados de amotinamiento y se enfrentan a una posible sentencia de muerte en la horca. Roger Byam —un joven marino— se encuentra entre ellos; pero, por tratarse de una persona íntegra y leal, es indultado por el rey. Aunque el veredicto que recibe es el de culpable, se le absuelve y se le restituye su rango, quedando su historial totalmente limpio.

Eso fue lo que David pidió y recibió, y también lo que todo creyente recibe en Cristo. Creemos que Dios es un Dios perdonador; y, en respuesta y como muestra de agradecimiento, le confesamos nuestro pecado, apartándonos de este para no pisotear su gracia.

7

EL
AMOR

La apertura de la suite nupcial

En tiempos de Moisés, Dios le dio a su pueblo los Diez Mandamientos; pero cuando el Señor Jesucristo anduvo sobre la tierra, las tradiciones legales de los rabinos se contaban por millares. No es posible para nadie guardar miles de leyes perfectamente; así que los dirigentes judíos hicieron un ajuste, dividiendo todas sus reglas y regulaciones en leyes pesadas y ligeras. "Las leyes pesadas son de obligado cumplimiento —dijeron—; en las ligeras, se puede ceder un poco".

Algunos rabinos iban incluso más lejos y enseñaban que si alguien seleccionaba solo un gran precepto para observarlo, podía pasar por alto todos los demás.

Con este telón de fondo, un escriba vino a Jesús y le hizo la siguiente pregunta: "Maestro, ¿cuál es el gran mandamiento en la ley?" (Mt. 22:36). Jesús respondió: "Amarás al Señor tu Dios con todo tu corazón, y con toda tu alma, y con toda tu mente. Este es el primero y grande mandamiento. Y el segundo es semejante: Amarás a tu prójimo como a ti mismo. De estos dos mandamientos depende toda la ley y los profetas" (vv. 37-40).

Así que nuestro Señor estableció el amor como la más alta de todas las virtudes espirituales. Y el apóstol Pablo confirmó la superioridad del amor cuando dijo: "Y ahora permanecen la fe, la esperanza y el amor, estos tres; pero el mayor de ellos es el amor" (1 Co. 13:13).

EL EJEMPLO DE PEDRO

¿Qué implica guardar este primer mandamiento que nuestro Señor calificó como el mayor? No conozco mejor ilustración que la que nos proporciona uno de los doce discípulos en Juan 21:2-17.

—Voy a pescar —dijo Pedro cierto día después de la muerte y la resurrección del Señor Jesucristo.

Estaba diciendo a los otros discípulos que volvía al negocio de la pesca, que regresaba a lo que solía hacer antes. Y ya que Pedro era su líder, el resto de los discípulos respondieron:

—Vamos nosotros también contigo.

Y siguieron a Pedro obedientemente hasta la barca.

El Señor, entonces, cambió el rumbo de todos los peces del Mar de Galilea para que ninguno de ellos se acercase a la barca; de modo que Pedro y los otros trabajaron durante toda la noche sin pescar nada.

—¿Han pescado algo? —les gritó un extraño al amanecer del día siguiente.

—No —le respondieron.

—Echen la red al otro lado de la barca y capturarán algunos peces.

Quién sabe por qué razón los discípulos obedecieron una sugerencia tan poco habitual. Quizá por la inherente autoridad de la voz de aquel extraño. Lo cierto es que lo hicieron. Mientras tanto, el Señor dirigía de manera sobrenatural los peces hacia el costado derecho de la embarcación, y la pesca fue tan numerosa que los discípulos ni siquiera podían subir sus redes al barco.

—Es el Señor —dijo entonces Juan, y oyéndolo Pedro se lanzó al agua y fue nadando hasta la orilla.

Luego, Jesús los invitó a desayunar una comida que Él ya había preparado, tal vez milagrosamente. Mientras Pedro y los otros estaban allí sentados, comiendo con el Señor de la Gloria, el primero debió de pensar: *¡Qué zoquete soy! ¡Qué individuo tan desobediente e inepto! He vuelto a fallar.* Había fracasado prácticamente en todas las pruebas que el Señor le había puesto. Era incapaz de pasarlas. Sus ojos debieron llenarse de lágrimas, y su corazón de pena y dolor, mientras miraba a Jesús, a quien tanto amaba pero a quien tan deficientemente había servido.

Finalmente el Señor habló: "Pedro, ¿me amas más que estos?". ¿A qué se refería? Tal vez a cosas como la barca, los peces, las redes o todo el negocio de la pesca. O tal vez el Señor estaba preguntando si Pedro lo amaba más que los otros discípulos. Pedro había pretendido en cierta ocasión ser más fiel que los demás. Sin duda, creía que su amor por el Maestro era mayor que el de ellos.

"Pedro, ¿me amas? ¿Me amas de veras?". El Señor estaba utilizando el verbo *agapao*, refiriéndose al tipo más elevado y supremo de amor.

No sabemos cuánto tiempo tardaría Pedro en responder, pero cuando lo hizo empleó un verbo distinto —*phileo*—, que indica respeto y devoción: "Sí, Señor, tú sabes que te amo". Es como si dijera: "Te quiero mucho".

Tal vez Pedro pensase que su amor era supremo, pero avergonzado por su reciente fracaso no podía estar delante del Señor y reivindicar semejante clase de amor. Recuerde que había negado a Jesús tres veces la noche antes de la crucifixión, y que Jesús le había mirado a los ojos cuando cantó el gallo. Hubiera resultado ridículo que dijese: "Señor, te amo con amor supremo, pero cuando me cuesta algo no estoy a tu lado".

En cierta ocasión le pregunté a un niño de cinco años cómo podía él demostrar a sus padres que los quería. "Podría obedecerlos", respondió. Incluso él comprendía que esa es la mejor manera de manifestar el amor.

No es correcto afirmar amor supremo por alguien a quien no estamos dispuestos a obedecer. Así que Pedro no pretendió tener esa clase de amor. Y, puesto que había negado al Señor en tres ocasiones, Cristo le dio tres oportunidades para redimirse. De modo que le preguntó por segunda vez:

—Simón, hijo de Jonás [le llamó por su antiguo nombre ya que estaba actuando como el viejo Pedro], ¿me amas? —y otra vez utilizó el verbo *agapao*.

—Sí, Señor —volvió a responderle Pedro—, ya sabes que te quiero mucho.

Y Jesús indagó por vez tercera:

—Pedro, ¿me quieres mucho, por lo menos?

La Biblia nos cuenta que Pedro se entristeció. ¿Por qué? ¿Porque le había preguntado tres veces? No, sino porque el Señor estaba poniendo a prueba su testimonio y cuestionando el grado del amor de Pedro.

—Señor, tú lo sabes todo; tú sabes que te quiero.

Lo que Pedro quería dar a entender era: "No oigas simplemente lo que digo; mira dentro de mi corazón".

Cuando yo era pequeño solía pensar en la doctrina de la omnisciencia: en el hecho de que Dios lo sabe todo acerca de todo. Ese es un problema terrible, si no estamos obedeciendo al Señor. Mi padre, a menudo, me advertía: "Tal vez nosotros no lo sepamos, ¡pero Dios lo sabe! Él conoce cómo te portas, Johnny". Y yo me preguntaba por qué Dios iba a malgastar su tiempo simplemente observando lo que yo hacía.

A medida que fui madurando en mi conocimiento y haciéndome mayor, llegué a la conclusión de que en muchos sentidos soy como Pedro. Hay ciertos días en que la única manera que Dios tiene de saber que le amo es mediante su omnisciencia. Me di cuenta, por tanto, que aquella doctrina tenía un lado positivo. ¿No se alegra usted de que cuando en su vida no queda demasiado claro el testimonio de Cristo, puede decir lo que dijo Pedro? "Señor, me pesa la manera como actúo, ¿no puedes leer en mi corazón y saber que te amo?".

LAS CARACTERÍSTICAS DE NUESTRO AMOR POR DIOS

¿Qué clase de amor quería Jesús recibir de Pedro? ¿Y cuál quiere que nosotros le demos? ¿Un amor emocional basado en sentimientos? ¿Debería el Señor ponernos la piel de gallina? Desde luego, hay momentos en mi vida en los que no experimento ese tipo de calidez e intimidad para con Cristo, y soy incapaz de estimular en mí una reacción emocional hacia Él. Pero eso no es de lo que el Señor está hablando. Descubriremos lo que es el verdadero amor si consideramos más detenidamente este incidente entre Jesús y Pedro.

El sacrificio

En Juan 21:18-19, nuestro Señor advirtió a Pedro acerca de lo que costaría seguirle:

> *De cierto, de cierto te digo: Cuando eras más joven, te ceñías e ibas a donde querías; mas cuando ya seas viejo, extenderás tus manos, y te ceñirá otro, y te llevará a donde no quieras. Esto dijo, dando a entender con qué muerte había de glorificar a Dios.*

La frase "extenderás tus manos" nos habla de la crucifixión. "Pedro, vas a ser crucificado. ¿Me amas realmente? Entonces muere por mí".

En esto consiste amar a Dios con todo nuestro corazón, toda nuestra alma y toda nuestra mente. Esa clase de amor está dispuesto a sacrificarse. No se trata del amor sentimental del que tanto oímos hablar. No es un mero sentimiento. Pedro ya tenía eso, pero no bastaba; así que Jesús le ofreció una manera de demostrar su amor. No dijo simplemente: "Pedro, ¿te sientes bien interiormente amándome? ¿Experimentas un cierto calorcillo entre la cuarta y la quinta costillas?". No, Jesús le pidió sacrificio.

¿Cómo puede usted saber si ama al Señor Jesucristo? Depende de si está dispuesto a llevar a cabo determinados sacrificios para hacer su voluntad a diario. En el siglo I, el sacrificio definitivo podía significar la muerte física. Se cuenta que el general romano Varo sofocó una insurrección en Galilea llenando ambos lados del camino con cruces. Pedro había presenciado aquella clase de muerte y la tenía muy viva en la memoria a causa de la crucifixión del Señor. Sabía lo que representaba un sacrificio así.

Pedro siempre había jurado que era capaz de morir por Jesús, pero había fracasado miserablemente hacía poco bajo una intensa presión. Tal vez ahora dudase de su propia entereza. Y, sin embargo, ahí estaba el Señor con aquella profecía categórica de que finalmente iba a demostrar su fidelidad. Supongo que Pedro se diría a sí mismo: *¡Genial! ¡Por fin lo conseguiré! Seré fiel al Señor y no fracasaré en el último momento.*

La obediencia

Una segunda característica del amor que nuestro Señor demanda de nosotros es la obediencia. No solo se trata de un amor sacrificial, sino también sumiso. "Sígueme", le ordenó a Pedro (Jn. 21:19). Y cuando Jesús se puso de pie y echó a andar, aquel se levantó y lo siguió, interpretando su mandamiento al pie de la letra. Bien es cierto que por un momento vaciló, volviéndose para ver a Juan y preguntarle al Señor qué le aguardaba al discípulo amado. Pero Jesús, efectivamente, le dijo: "Pedro, eso a ti no te importa". Y le ordenó de nuevo: "Sígueme tú" (vv. 20-22). Y eso fue lo que hizo Pedro durante el resto de su vida.

¿Qué implica la obediencia sacrificial que le damos al Señor por amor? En mi vida esa obediencia significa varias cosas, una de las cuales consiste en pasar cinco o seis horas cada día en mi despacho escudriñando la Palabra de Dios. Para ser sincero, sin embargo, algunos días, cuando entro en mi oficina, estoy cansado y no tengo ganas de estudiar. Me gustaría hacer algo distinto: como desempolvar los palos de golf y jugar los dieciocho hoyos. No obstante, en vez de ello, aprieto los dientes y lucho con un día de intenso estudio. Al acabar la jornada, la única emoción que experimento es el sentimiento de realización por haber cumplido. Pero, al tomar la decisión de trabajar, he amado al Señor Jesucristo más que a mí mismo; he hecho su voluntad y me he sacrificado para conseguirlo.

Ahora bien, puede que esto parezca poca cosa, pero demuestra el principio de la obediencia sacrificial. Tal obediencia se brinda por amor y no tiene ningún carácter emotivo, sino que es el cumplimiento de 1 Juan 2:5: "El que guarda su palabra, en este verdaderamente el amor de Dios se ha perfeccionado; por esto sabemos que estamos en él". El amor que Dios busca —de alma, corazón y mente— es un amor obediente.

LAS CARACTERÍSTICAS DE NUESTRO AMOR POR LOS DEMÁS

Volvamos ahora a la respuesta que nuestro Señor dio al maestro de la ley que le preguntaba cuál era el mandamiento más importante. Primeramente, debemos amar a Dios y, en segundo lugar, a nuestros semejantes. Las Escrituras se explayan a menudo sobre esta cuestión. Por ejemplo, 1 Tesalonicenses dice que Dios nos ha enseñado a amarnos unos a otros y, en vista de ello, debemos *abundar* en amor los unos por los otros (1 Ts. 4:9-10). Pedro, por su parte, escribe que tenemos que amarnos "entrañablemente" y "de corazón puro" (1 P. 1:22). La palabra "entrañablemente" viene del término griego que significa "extendido o estirado". Hemos de extendernos cuanto podamos para amar a los demás.

Del mismo modo que el amor a Dios no es un sentimiento inducido emocionalmente, tampoco lo es el amar a otras personas. Este tipo de amor también exige sacrificio. Escribiendo acerca de ello en 1 Juan 3:14-15, el apóstol Juan pasa de una declaración en cuanto a amar a los hermanos —en plural— a otra acerca de amar al hermano, en singular. Algunas personas dicen: "Bueno, yo amo a los cristianos colectivamente, pero sencillamente no aguanto a algunos individuos".

Una conocida tira cómica de *Carlitos* presenta a Lucy acusando a su hermanito Linus de no amar a sus semejantes. La respuesta indignada de Linus es: "¡Yo amo a la humanidad, pero no puedo soportar a la gente!". Resulta muy fácil amar al ancho mundo, y es bastante sencillo sentir amor por la iglesia; sin embargo, puede hacérsenos muy difícil amar a una determinada persona. Pero el amor que nuestro Señor demanda es de esa clase práctica y personal que se expresa principalmente a los individuos.

El amor en acción

Cuando llegué a *Grace Community Church* por primera vez, quería amar a todos sus miembros, pero no se me ocurría cómo generar los sentimientos necesarios. Algunas personas eran bastante irritantes, y otras incluso me ponían las cosas difíciles a propósito. Quería amarlos, pero no sabía cómo hacerlo. Cierto día me dirigí a un hombre que era especialmente problemático, le pasé el brazo por el hombro y le dije: "Quiero que sepa una cosa: si hay algo en lo que pueda servirle alguna vez, me encantaría tener la oportunidad de hacerlo". Y esa ocasión se presentó. Mi actitud hacia él no cambió porque se modificaran mis sentimientos, sino porque aprendí a amarle mediante el servicio.

Amar a otros no es cuestión de darles palmaditas en la espalda y decirles: "Eres estupendo. ¡Te amo!". Demostramos nuestro amor haciendo sacrificios personales para suplir las necesidades de los demás. A veces me preguntan cómo puedo ministrar a los individuos en una iglesia tan grande. Desde luego no es corriendo detrás de cada uno y expresándole mi amor, sino llevando a cabo determinados sacrificios en mi vida personal a fin de ayudarles a crecer espiritualmente. Me son lo suficientemente importantes como para hacer lo que sea necesario con el fin de conformarlos a la imagen de Jesucristo.

¿Cuál es la mejor manera de saber que Dios nos ama? ¿Acaso lo ha gritado Él desde los cielos o lo ha escrito en las nubes? No. Reconocemos el amor de Dios en que Jesucristo dio su vida por nosotros. Dios entregó a su Hijo en una cruz por nuestra causa. Así es como Él ha expresado su amor: por medio del sacrificio. Puesto que Cristo "puso su vida por nosotros; también nosotros debemos poner nuestras vidas por los hermanos" (1 Jn. 3:16). El precio no es siempre la muerte; a veces el amor requiere que sacrifiquemos nuestras posesiones, nuestro tiempo u otras cosas. "Pero el que tiene bienes de este mundo y ve a su hermano tener necesidad, y cierra contra él su corazón, ¿cómo mora el amor de Dios en él?" (1 Jn. 3:17). Si vemos a alguien en apuros, debemos satisfacer esa necesidad en la medida de nuestras posibilidades, o demostraremos un amor insuficiente.

Alguno exclamará: "Bueno, antes de poder amar a otros debemos amarnos a nosotros mismos. Después de todo, en Santiago 2:8, la Biblia dice que hemos de amar a los demás como a nosotros mismos".

Es muy común pensar eso, pero no es lo que enseña Santiago 2:8. Los psicólogos han hecho un gran negocio con la interpretación errónea de este versículo. Dicen que debemos tener una autoimagen adecuada, y que si alguien no posee un concepto elevado de sí mismo jamás será capaz de amar a otras personas como es debido. Ese es un gran malentendido que procede de una idea sentimental del amor. Cuando la Biblia habla de amor se está refiriendo a algo totalmente distinto.

¿Qué significa amar a otros como a nosotros mismos? Considere Santiago 2:1: "Hermanos míos, que vuestra fe en nuestro glorioso Señor Jesucristo sea sin acepción de personas". Y el pasaje pone luego el ejemplo de un hombre rico y otro pobre que visitan una iglesia donde se los trata de maneras distintas. Lo que Santiago está diciendo es que los cristianos no debemos mostrar respeto a cierta clase de personas al tiempo que somos indiferentes para con otras. Más bien, debemos cumplir la ley divina y tratar a todo el mundo como nos trataríamos a nosotros mismos. Esto significa que cualesquiera sacrificios que hagamos en nuestro propio beneficio, deberíamos también hacerlos por otras personas sin tener en cuenta su posición social. El asunto no tiene que ver en absoluto con nuestro yo psicológico, sino con nuestro servicio a los demás.

Deténgase un momento y piense, por ejemplo, en todo el empeño que ponemos en conseguir nuestro propio bienestar. Así deberíamos también intentar satisfacer las necesidades de los demás. Deberíamos considerar los deseos de otras personas como consideramos los nuestros. Deberíamos amar a los demás mediante un servicio sacrificial, del mismo modo que hacemos sacrificios en nuestro propio provecho. ¿Está usted dispuesto a ello? ¿Tiene la disposición a renunciar a cualquier cosa que le proporcione bienestar para el provecho de otro? ¿Está listo para sacrificar aquello que le gusta a fin de suplir las necesidades de alguien? Eso es amar al prójimo como a sí mismo. No se trata de algo psicológico, sino sacrificial.

Amar con humildad

Tal vez el mejor ejemplo de amor sacrificial por los demás sea el que dio nuestro Señor. La noche antes de su pasión y muerte, Jesús no dijo a sus discípulos en el aposento alto: "Los amo, y me gustaría darles una charla acerca del amor divino y de cómo funciona".

En vez de ello —como vimos en el capítulo anterior—, nuestro Señor les lavó los pies:

Sabiendo Jesús que el Padre le había dado todas las cosas en las manos, y que había salido de Dios, y a Dios iba, se levantó de la cena, y se quitó su manto, y tomando una toalla se la ciñó. Luego puso agua en un lebrillo, y comenzó a lavar los pies de los discípulos, y a enjugarlos con la toalla con que estaba ceñido".

JUAN 13:3-5

El Dios encarnado se inclinaba para lavarles el polvo de los pies a sus discípulos débiles y pecadores. ¡Eso es amor! Se trata precisamente de la clase de amor que el Señor exige a sus discípulos. Y tras su sorprendente ejemplo de humillación, Jesús dijo: "Un mandamiento nuevo os doy: Que os améis unos a otros; como yo os he amado, que también os améis unos a otros. En esto conocerán todos que sois mis discípulos, si tuviereis amor los unos con los otros" (vv. 34-35).

¿Cómo había demostrado Jesús su amor por ellos? Lavándoles sus polvorientos pies, ocupando el lugar de un esclavo, haciendo algo desagradable, un acto sacrificial. Amarnos unos a otros no significa simplemente sentir pequeños arrebatos de emoción, sino servir a los demás. Cuando sacrificamos de buena gana lo que deseamos en beneficio de otros, cuando escogemos satisfacer la necesidad de alguien en vez de la nuestra propia, entonces estamos amando de veras (sin importar las emociones que tengamos). Eso es lo que Dios espera de nosotros.

El apóstol Juan resume el amor como llave del crecimiento espiritual con estas sencillas y conocidas palabras: "Hijitos míos, no amemos de palabra ni de lengua, sino de hecho y en verdad" (1 Jn. 3:18).

LA ORACIÓN

La apertura del lugar santísimo

¿Hay algo más estupendo y provechoso que la fe cristiana? Los que estamos en Cristo tenemos todas las bendiciones espirituales (Ef. 1:3). Fuimos escogidos por Dios desde antes de la fundación del mundo (1:4). Tenemos un perdón completo (1:7). Tenemos una herencia superior a cuanto pudiésemos imaginar (1:14). Tenemos seguridad absoluta (1:14). Tenemos vida nueva (2:5). Somos objetos de la gracia eterna (2:7). Somos la obra maestra de Dios (2:10). Estamos unidos con Cristo (2:13). Somos miembros de un mismo cuerpo (2:16) y tenemos acceso a Dios por un mismo Espíritu (2:18). Somos el templo de Dios (2:21) y la morada del Espíritu (2:22), y somos poderosos (3:20).

¡Qué declaraciones tan extraordinarias! ¡Cuán maravillosa resulta la vida cristiana vista a la luz de lo que somos en Cristo! Además de esto, nosotros no tenemos que ganarnos esa posición exaltada. La poseemos ahora mediante la salvación en el Señor Jesucristo.

Los últimos tres capítulos de Efesios van más allá de los aspectos posicionales de nuestra vida e inciden en las cuestiones prácticas. Se nos ordena, por ejemplo, andar de manera inteligente como creyentes (4:17), andar en el amor de Dios (5:2) y andar en la luz (5:8). El apóstol Pablo explica en forma muy detallada cómo podemos hacer estas cosas.

Esta exposición de nuestra suficiencia en Cristo no tiene parangón en toda la Palabra de Dios. Si un creyente estudia Efesios detenidamente y llega a la conclusión de que le falta algún recurso espiritual, está ciego. No necesitamos más del Espíritu Santo, del amor, de la gracia o de ninguna otra cosa. En Cristo lo tenemos todo. ¡Todo lo que necesitamos para crecer y madurar![1]

EL PELIGRO DEL EXCESO DE CONFIANZA

Llegados a este punto surge, sin embargo, un problema potencialmente destructivo. Yo lo llamo exceso de confianza espiritual o egolatría en la doctrina. En la vida cristiana existe el peligro latente de que aquellos que tienen un profundo conocimiento doctrinal y una comprensión bastante sólida de los principios espirituales prácticos lleguen a sentirse satisfechos consigo mismos. Entonces, la oración desgarradora, apasionada y constante no encuentra ya sitio en sus vidas. He visto aparecer esta dolencia en multitud de ocasiones. A medida que obtenemos más conocimiento, la dependencia de nosotros mismos puede desarrollarse furtivamente eliminando la vitalidad de una vida de oración verdadera.

Para prevenir este peligro, Pablo manda a los creyentes que oren sin cesar (1 Ts. 5:17). Nos insta a llevar una vida de oración. Por mucho que poseamos en Cristo, debemos orar. La oración es una de las llaves esenciales del crecimiento espiritual.

Una buena analogía de la necesidad que tenemos de orar es la de la atmósfera y la respiración. La atmósfera ejerce presión sobre nuestros pulmones y los obliga a aspirar el aire. Respiramos con toda naturalidad en respuesta a dicha presión, en vez de esforzarnos conscientemente por inhalar el aire. De hecho, resulta mucho más difícil retener la respiración que respirar. Usted jamás diría: "Ah, estoy agotado por el esfuerzo que he hecho hoy respirando". Pero estaría muy cansado si hubiera hecho el esfuerzo de no respirar, luchando contra los procesos naturales que nos capacitan para respirar casi sin esfuerzo.

Lo mismo sucede con la oración. Orar es la actividad natural de los cristianos, el aliento vital del creyente en Cristo. La causa de que algunos cristianos se sientan tan cansados y derrotados está en que retienen la respiración espiritual cuando deberían abrir sus corazones a Dios para recibir el aire de su divina presencia. El creyente que no es fiel en la oración lucha constantemente contra su propia naturaleza espiritual. Está conteniendo su respiración espiritual, lo cual resulta espiritualmente agotador.

¿Qué razón tendría un cristiano para no orar dado que la oración es como respirar? Esta es una buena pregunta. La respuesta es el pecado. El pecado en nuestras vidas ahoga la oración. Si no estamos dispuestos a confesarlo y renunciar a él, en realidad no queremos orar, ya que la oración nos abre a la presencia de Dios, donde no nos sentimos cómodos.

Otra razón para no orar es el egoísmo. Naturalmente, el egoísmo constituye también una forma de pecado. Es sin duda la razón principal por la que las personas no oran. Se manifiesta en pecados sintomáticos tales como la pereza, la apatía y la indiferencia. Si mira dentro de su propia vida, probablemente podrá identificar algún pecado que le impide orar. Y si no ora, se está asfixiando, ya que la falta de oración es algo mortal.

GUÍA PARA ORAR COMO CONVIENE

En los dos últimos capítulos de Efesios, Pablo hace hincapié en dos breves pero significativos aspectos de la oración, y cada uno nos enseña una importante lección.

El primero de ellos —una enseñanza general— lo tenemos en Efesios 6:18: "Orando en todo tiempo con toda oración y súplica en el Espíritu, y velando en ella con toda perseverancia y súplica por todos los santos". En este versículo, el apóstol repite cuatro veces el adjetivo "todo" en sus diversas formas. Estos conforman cuatro aspectos de la oración. Los que podríamos llamar los cuatro "todos" de la oración.

La variedad de la oración

El primer "todo" nos habla de los tipos de oración: "Con toda oración y súplica". Aquí "oración" es un término general relacionado con su forma y carácter variados. Por ejemplo, podemos orar pública o privadamente, audiblemente o en silencio.

Tiene usted la posibilidad de hacer una de esas oraciones preparadas de antemano que encontramos en los libros de plegarias u orar de manera espontánea tal como le brota del corazón. Podemos solicitar algo de Dios, o darle gracias por lo que nos ha concedido. Nos es posible orar arrodillados, de pie, sentados, tumbados o incluso mientras estamos conduciendo. Hay muchas formas de orar, porque Dios ha dispuesto que la oración acompañe a cada tipo de emoción o de experiencia. Tenemos una gran variedad de maneras de orar que se adaptan a toda situación y circunstancia.

La segunda palabra que Pablo utiliza —"súplica"— describe un tipo de oración especial. Hace referencia a una petición concreta. A menudo generalizamos, diciendo: "Señor, bendice a los misioneros. Señor, bendice a la iglesia. Estás peticiones no son específicas; son generalidades. Peticiones tan vagas probablemente darán como resultado respuestas poco claras, si es que dan alguna.

Mi hija tenía la costumbre de generalizar. Hasta que una noche, al cabo de un largo y cansado día, se arrodilló junto a su cama y oró: "Señor, bendice todas las cosas que hay en el mundo. Amén". Tuve que decirle que aquella no había sido una oración demasiado buena. Le di una pequeña charla teológica tratando de grabar en ella la idea de que Dios quería que le pidiese cosas concretas que tuviese en el corazón, en vez de "todas las cosas que hay en el mundo". La súplica debe ser específica.

La frecuencia de la oración

El primer "todo" nos habla de la frecuencia con que deberíamos orar: "Orando en todo tiempo". ¿Cuándo deberíamos orar? Alguno tal vez diga: "Yo creo que por la mañana". Otro insistirá: "Yo prefiero hacerlo por la noche". ¿De veras? ¿Cuándo respira usted? Dirá quizá: "¿Ah, yo aspiro un poco de aire por la mañana" o "inhalo mi aire antes de acostarme"? ¡Eso sería ridículo! Debemos estar orando siempre y en todo momento. La construcción griega de la frase indica que hemos de orar en todas las ocasiones.

¡Creo que Pablo lo decía en serio! Y cuando nuestro Señor dijo que debíamos orar siempre (Lc. 18:1), me parece que quería que hiciéramos precisamente eso. Si nuestro propio Salvador sentía un enorme deseo y una enorme necesidad de orar, aun sabiendo que era Dios encarnado (Jn. 17), ¡con cuánta más intensidad necesitamos hacerlo nosotros aunque conozcamos nuestra posición en Cristo!

La frecuencia de la oración era un tema corriente en los escritos del apóstol Pablo. "Por nada estéis afanosos, sino sean conocidas vuestras peticiones delante de Dios en toda oración y ruego, con acción de gracias" (Fil. 4:6). "Perseverad en la oración" (Col. 4:2). "Orad sin cesar" (1 Ts. 5:17). Pablo no solo hablaba de la importancia de la oración, sino que la vivía. Estaba constantemente orando por alguien.

¿Cómo es posible orar en todo tiempo? En primer lugar, debemos definir nuestros términos. Orar "en todo tiempo" significa que somos conscientes de Dios y relacionamos todo lo que ocurre con Dios. Es decir, vivimos en una percepción constante de su presencia. Permítame darle una ilustración. Se levanta usted por la mañana y, al mirar por la ventana, descubre que hace un día maravilloso y un sol radiante. ¿Cuál es su primer pensamiento? Tal vez sea: *Gracias, Señor, por este magnífico día que has creado.* Eso es lo que significa "en todo momento". Luego sale usted de su casa y ve a su vecino que vive en pecado, así que ora: ¡*Dios, salva a mi vecino!* Seguidamente, entra en su automóvil y conduce por una calle con letreros que anuncian bares de "topless". Entonces piensa: *Señor, ¿adónde va a ir a parar este mundo? Ayúdame a alcanzar a esas personas enfermas y perdidas.* Una vez más está usted orando en todo tiempo.

Orar sin cesar no significa simplemente recitar alguna oración estereotipada treinta y cinco veces. No tiene nada que ver con rezar el rosario, las plegarias repetitivas o algún tipo de oración ritual estructurada. Orar sin cesar quiere decir ver las cosas desde el punto de vista de Dios. Cuando somos conscientes de algún dolor, le pedimos al Señor que lo cure; cuando reparamos en un determinado problema, buscamos la solución de parte de Dios.

La oración incesante supone ver a un hermano cristiano que tiene alguna necesidad y orar por él, o reconocer que cierto hombre está en dificultades y pedir a Dios que le libere. Significa conversar con Dios acerca de lo que usted sabe que le deshonra. Todas esas cosas ejemplifican lo que constituye orar sin cesar. En cada momento del día estamos alabando a Dios por algo maravilloso o intercediendo por alguien: viviendo en comunión ininterrumpida con Él.

Las actitudes de la oración

A continuación, en Efesios 6:18, Pablo examina las actitudes apropiadas de la oración: "Velando en ello con toda perseverancia y súplica". "Perseverancia" significa "constancia", persistir en la tarea. Cuando oramos por alguna cosa, hemos de ser constantes hasta que recibamos la respuesta. Como el hombre de Lucas 11:5-8, que siguió golpeando la puerta de su vecino hasta que le abrió y le proporcionó el pan que necesitaba para sus inesperados huéspedes. Dios nos dice, en efecto, que Él responderá de esa misma manera. Su oído está siempre atento a la oración continua y perseverante.

Para perseverar en la oración, es importante que estemos "velando". No podemos orar inteligentemente a menos que seamos conscientes de lo que está sucediendo. Muchos cristianos olvidan o pasan por alto la exhortación de Pedro en cuanto a ser "sobrios y velar en oración" (1 P. 4:7). El apóstol nos insta a que mantengamos una oración despierta, incesante, perseverante y vigilante.

¿Está usted al corriente de lo que pasa con su familia? ¿Con su esposa? ¿Ora por ella fielmente y sin cesar? ¿Pide constantemente a Dios que la haga el tipo de mujer que debería ser? ¿Ora con regularidad para que Dios la bendiga, enriquezca su vida y la lleve a la madurez espiritual?

¿Y con su esposo? ¿Ora usted para que el Señor le haga un hombre de Dios en todos los sentidos? ¿Pide que pueda ser como Cristo en la dirección espiritual de su hogar? ¿Suplica a Dios que le capacite para tomar las decisiones correctas? ¿Ora para que el

Señor le ayude en su trabajo? ¿Es usted consciente de los problemas y conflictos a los que se enfrenta y, luego, ora por ellos? ¿Y con sus hijos? ¿Le pide a Dios que los edifique en el Espíritu, que se fortalezcan en el Señor y sean guardados del maligno? ¿Y con sus vecinos? ¿Con la gente que le rodea? ¿Con los niños del colegio? ¿Con los enfermos? ¿Y con otros que necesitan sus oraciones? Cuando alguien le cuenta una necesidad, ¿de verdad ora o tan solo dice que va a orar y se olvida?

En nuestra iglesia solíamos tener a un hombre que llevaba en su maletín un montón de cuadernos con todas las peticiones que había hecho a Dios y que Él le había contestado a través de los años. Cuando supe lo que hacía, ya iba por su decimoquinto o decimosexto cuaderno. ¡Él "velaba" de veras! Cuando se enteraba de alguien que tenía una necesidad, la escribía y oraba por ella; un buen ejemplo para seguir. Luego anotaba cuándo había llegado la respuesta. Sus cuadernos eran testimonio visible de la fidelidad de un Dios que contesta las oraciones.

En cierta ocasión, alguien me dijo: "MacArthur, le voy a poner a usted en mi lista de oración durante seis meses". Y mi primera reacción fue: ¿*Eso es todo?* Pero después reaccioné alabando al Señor. Resulta poco corriente que alguien se comprometa a orar por nosotros durante un cierto periodo de tiempo; pero prefiero contar con la intercesión fiel de una persona durante seis meses que tener a alguien orando por mí esporádicamente por un periodo de tiempo más largo.

Los objetos de la oración

El cuarto "todo" que menciona Pablo se refiere a los objetos de nuestras oraciones. El objeto directo es, naturalmente, Dios. Esto nos sugiere un principio muy importante que se formula con toda precisión en Juan 14:13-14: "Todo lo que pidiereis al Padre en mi nombre, lo haré, para que el Padre sea glorificado en el Hijo. Si algo pidiereis en mi nombre, yo lo haré".

En esta ocasión, Jesús está consolando a sus discípulos acerca de su inminente partida. Ellos pensaban en lo duro que sería estar sin el Señor para que satisficiese sus necesidades, escuchase sus lamentos, contestase sus peticiones y los protegicra. Después de todo, Él les había proporcionado alimentos, ayudado a pescar, provisto de dinero para los impuestos, amado, enseñado y ofrecido un hombro sobre el que llorar. ¿Cómo sobrevivirían, pues, sin Él? Esta promesa que Jesús les hizo llenaba ese vacío. Aunque el Señor iba a marcharse, aun así tendrían acceso pleno a su provisión para ellos. La oración salvaría las distancias. ¡Que magnífica promesa!

Sin embargo, hay una condición que determina la respuesta del Señor a nuestras oraciones: debemos orar en su nombre. Como ya vimos en el capítulo 3, orar en el nombre de Jesús no significa únicamente añadir una coletilla al final de nuestras plegarias. Quizá este tema merezca que le echemos otro vistazo ahora que estamos considerando la cuestión de cómo debemos orar.

Primero, orar en el nombre de Jesús significa ponernos en su lugar, identificándonos plenamente con Él y pidiéndole a Dios que intervenga en virtud de nuestra unión con su Hijo. De este modo, cuando pedimos realmente en el nombre de Jesús, lo hacemos como si Él mismo fuera el peticionario.

Segundo, significa que invocamos ante Dios los méritos de su bendito Hijo. Rogamos que se nos conceda una respuesta a la oración por amor a Cristo. Deseamos algo por causa de Él. Cuando pedimos alguna cosa realmente en el nombre de Jesús, Él se convierte en el receptor.

Tercero, como ya hemos visto, orar en el nombre de Jesús significa hacerlo solo por aquellas cosas que son consecuentes con su perfección, por algo que le glorifica.

Orar en nombre de Jesús es, por tanto, buscar lo que Él busca, promover lo que Él desea y darle a Él la gloria. Solo podemos pedir a Dios debidamente aquello que glorificará a su Hijo.

Así que concluya usted sus oraciones con algo parecido a esto: "Padre, te lo pido porque sé que es lo que Jesús querría para su propia gloria". Afirme tal cosa en su corazón al final de cada plegaria y excluirá todas sus peticiones egoístas. Oramos en el nombre de Jesús, por Él y para Él. ¿Puede haber algo más práctico que eso? Si la gente comprendiera mejor este sencillo principio, eliminaría un sinfín de oraciones innecesarias y extravagantes.

Pablo también menciona cuál es el objeto indirecto de nuestras plegarias: "todos los santos". ¿Qué es aquello que nos empuja a orar los unos por los otros? En primer lugar, el hecho de que todos —como miembros del cuerpo de Cristo— participamos en una batalla común. "Porque no tenemos lucha contra sangre y carne, sino contra principados, contra potestades, contra los gobernadores de las tinieblas de este siglo, contra huestes espirituales de maldad en las regiones celestes" (Ef. 6:12).

Peleamos a fin de obtener la victoria mediante el nombre de Cristo, y exaltarle con nuestras vidas. Puesto que esto es así, tenemos que extender nuestros horizontes más allá de nuestras propias luchas individuales y abarcar a todo el cuerpo de Cristo. Debemos interesarnos no solo por nuestro propio triunfo final, sino también por la victoria espiritual de todos los demás creyentes.

Con frecuencia, los cristianos pensamos en nosotros mismos como entidades separadas. Muchas veces tenemos la idea de que existimos de manera independiente de todos los demás. Naturalmente, esto no es así. Del mismo modo que el cuerpo humano no puede avanzar a menos que todos sus miembros se muevan, tampoco es capaz de hacerlo el cuerpo de Cristo.

Segundo, al igual que el cuerpo de Cristo ministra utilizando dones espirituales, nosotros lo hacemos por medio de la oración. ¿Acaso tienen esos dones espirituales propósitos egoístas? ¿Quiere Dios que ejerza yo mi don para mi propio beneficio? ¿Debería tomar conmigo mi don espiritual y marcharme a una cabaña en alguna parte para enseñarme a mí mismo? ¿O ponerme delante de un espejo y predicar? Eso resultaría ridículo.

Mi don espiritual es para el beneficio de otros. De modo que la vida de oración y el poder de oración que poseo no son para mí, sino para los demás. Debería estar orando por ellos y ellos por mí.

Dios lo diseñó así pensando en nuestra unidad. Cuando una

parte de nuestro cuerpo físico está dolorida o enferma, todas las otras acuden en su ayuda. Si tengo un ojo dañado, el párpado lo protege directamente; pero, de manera indirecta, todo el resto de mi cuerpo actúa también para proporcionar sanidad a dicho ojo. Mis reflejos se ponen en alerta a fin de impedir que alguna cosa toque el miembro herido. En forma similar, cuando un hermano tiene cierta necesidad, podemos ministrarle directamente mediante el ejercicio de nuestros dones espirituales o indirectamente a través de la oración.

Estoy seguro de que ocurrirían grandes cosas en la iglesia si realmente pidiéramos los unos por los otros. A pesar de que disfrutamos de una posición exaltada gracias a Cristo, todavía tenemos la necesidad desesperada de contar con las oraciones de otros creyentes; y, del mismo modo, precisamos estar pidiendo constantemente a Dios que obre de maneras específicas por santos específicos.

¿Cómo llegamos a conocer las necesidades que tenemos unos y otros? Esto representa un problema, ya que con frecuencia la gente se resiste a hacer partícipes de sus cargas a los demás. De modo que debemos tomar la iniciativa, abrirnos un poco y ponernos en esa posición en la que nosotros mismos estamos dispuestos a comunicarnos. ¡Alguien más puede tener el mismo problema que nosotros! Podemos orar unos por otros. Admítalo: nadie puede llevar nuestra carga si no sabe qué es.

Eso no significa que tengamos que contárselo todo a todo el mundo; hacerlo resultaría poco sensato. Pero empecemos al menos por comunicar nuestras necesidades a aquellos en quienes sabemos que podemos confiar, y a orar los unos por los otros. Esto nos sacará de nuestra posición de meros cristianos espectadores a la palestra donde se desarrolla la lucha. Necesitamos recordar que todos estamos en una guerra espiritual. Si creemos realmente en el poder de la oración, oraremos fervientemente y veremos a Dios haciendo cosas que de otro modo no haría.

EJEMPLO DE UNA LISTA DE ORACIÓN
Pablo concluye sus comentarios acerca de la oración destacando

un segundo aspecto, una aplicación específica. Esto encaja con el modelo habitual del apóstol de primeramente enseñar y, luego, hacer una correlación práctica de la enseñanza. En este contexto Pablo añade a los "todos" de Efesios 6:18 un mandato preciso: "Y [oren] por mí, a fin de que al abrir mi boca me sea dada palabra para dar a conocer con denuedo el misterio del evangelio, por el cual soy embajador en cadenas; que con denuedo hable de él, como debo hablar" (vv. 19-20).

¡Qué gran hombre era este Pablo! Primero formula el principio, y luego dice: "¡Yo soy la persona por la que pueden comenzar!". Observe, además, que el apóstol no pedía por necesidades físicas, como muchos harían.

Por muy grandes que fueran sus necesidades materiales y emocionales, el apóstol pedía oración para que se le concediera el mensaje de Dios y él tuviera la valentía de comunicarlo. Así que Pablo no pedía oraciones de modo egoísta, sino para que su ministerio pudiera continuar sin obstáculos, aunque él estuviera en la cárcel en ese momento. Se pone, pues, a sí mismo como ejemplo vivo, haciendo a sus lectores partícipes de su vida para que oren por él.

Eso establece un modelo de oración para nosotros. Debemos preocuparnos, primordialmente, por la dimensión espiritual. Esto significa que, en vez de orar simplemente para que las personas sean liberadas de las pruebas o los males físicos, debemos orar pidiendo que tengan una buena relación con Dios, a fin de poder afrontar la prueba con la debida actitud.

No sea usted tan corto de vista como para dejar de orar por las necesidades materiales, aunque lo que a Dios le interese principalmente sea el bienestar *espiritual* de las personas. Nuestras pruebas tienen el propósito de hacernos crecer espiritualmente. De modo que no se conforme con pedir que dichas pruebas se acaben, sino ore para que se produzca el crecimiento que Dios desea. Las oraciones de Pablo perseguían siempre objetivos espirituales; las metas físicas no eran nunca el centro de atención.

A medida que aprenda usted a orar como nos enseña el apóstol, irá tomando más conciencia de Dios y será menos egoísta. Y a medida que se humille, pase más tiempo con el Espíritu Santo y ore bajo su supervisión, descubrirá que su vida se va conformando a la misma imagen de Jesucristo. ¡Ese es el propósito de la oración!

9

LA ESPERANZA

La apertura del cofre de la esperanza

Esperanza es una de las palabras más importantes del vocabulario cristiano. En 1 Corintios 13:13, Pablo nos presenta un trío de virtudes entre las cuales se halla la esperanza. Tener una esperanza vigorosa es un aspecto decisivo de la madurez espiritual.

El término "esperanza" en sí brilla como la luz en las tinieblas, el gozo en medio de la tristeza y la vida en comparación con la muerte.

Sin embargo, lamentablemente, muchos se aferran a falsas esperanzas. Se apoyan en cosas inútiles para su seguridad, por lo general, en sus propias buenas obras o en una interpretación errónea de la benevolencia divina. Otros esperan fútilmente en las riquezas de este mundo. Y otros aún, tal vez den por sentado que obtendrán el cielo, previendo una vida feliz después de la muerte. Pero sin Jesús tal esperanza carece de fundamento. Las Escrituras dicen al respecto: "Porque ¿cuál es la esperanza del impío… cuando Dios le quitare la vida?" (Job 27:8).

En otras palabras, esas personas no poseen una esperanza real. La Biblia explica que todo el mundo pagano está "sin esperanza y sin Dios" (Ef. 2:12). Considere las filosofías paganas del tiempo de Pablo y entenderá inmediatamente el porqué. Algunos creían que el alma, prisionera temporalmente dentro del cuerpo, un día lo abandonaría renuentemente al dar el último suspiro o a través de una herida abierta. Entonces, el alma entraría en el Hades (el sepulcro) o mundo de las sombras para pasar la eternidad lamentando su existencia sin consuelo de ninguna clase. El poeta griego Teognis dijo lo siguiente: "En mi juventud me regocijo en la diversión; ya permaneceré bastante tiempo debajo de la tierra, tan mudo como una piedra, sin ver el sol que tanto amo. Aun siendo un buen hombre, como soy, no veré nada más". A eso se le llama desesperanza: una desesperanza sin Dios. Incluso hoy día vemos a muchas personas en el mundo que viven sin esperanza, y no podemos sino sentir compasión por ellas.

La desesperanza es una de las razones por las cuales los hombres conciben tantas religiones falsas. La gente necesita algún tipo de expectativa para el futuro a fin de sobrevivir en el presente. Algunas personas se engañan a sí mismas con falsas esperanzas y otras se evaden mediante las drogas y el alcohol. Todo ello porque una vida sin esperanza no merece la pena.

Romanos 8:24 se refiere a esta cuestión en lo concerniente a los cristianos: "En esperanza fuimos salvos; pero la esperanza que se ve no es esperanza; porque lo que alguno ve, ¿a qué esperarlo?". Este versículo sugiere que muchos elementos de nuestra salvación tendrán un cumplimiento futuro. La salvación plena es una expectativa para el porvenir.

Aunque sería imposible empezar a investigar siquiera todo lo que la Biblia dice acerca de la esperanza, consideremos algunas de sus afirmaciones generales. Primeramente, las Escrituras enseñan que nuestra esperanza tiene que estar puesta en Dios y solamente en Él. El único lugar seguro para la esperanza verdadera se encuentra en nuestro Señor. En el Salmo 43:5 leemos: "¿Por qué te abates, oh alma mía, y por qué te turbas dentro de mí? Espera en Dios; porque aún he de alabarle, salvación mía y Dios mío".

La Biblia también nos dice que la esperanza es un don de la gracia de Dios: "El mismo Jesucristo Señor nuestro, y Dios nuestro Padre... nos amó y nos dio consolación eterna y buena esperanza por gracia" (2 Ts. 2:16). Dios le concede al hombre esperanza, confianza y seguridad para el futuro, si este acepta su regalo.

"¿Y de qué manera recibo semejante regalo?", se preguntará usted. La Biblia nos dice que recibimos la esperanza por medio de las Escrituras: "Porque las cosas que se escribieron antes, para nuestra enseñanza se escribieron, a fin de que por la paciencia y la consolación de las Escrituras, tengamos esperanza" (Ro. 15:4). Cuando usted lee, comprende y cree la Palabra de Dios, entonces tiene esperanza. Si no cree en el Libro, estará hambriento de esperanza. Si quiere tener seguridad para el futuro, confíe en la Palabra.

Hay una cuarta cosa que se puede decir acerca de la esperanza: está garantizada por la resurrección de Cristo. Si Dios hubiera dicho meramente: "Puedes confiar en mí para la muerte y yo haré que la atravieses", eso habría sido suficiente. Pero tenemos una esperanza aún más fuerte cuando vemos que Cristo murió y resucitó. Él ha vencido a la muerte. "Bendito el Dios y Padre de nuestro Señor Jesucristo, que según su grande misericordia nos hizo renacer para una esperanza viva, por la resurrección de Jesucristo de los muertos" (1 P. 1:3).

El Espíritu Santo confirma, además, esa esperanza en nosotros. "Y el Dios de esperanza os llene de todo gozo y paz en el creer, para que abundéis en esperanza por el poder del Espíritu Santo" (Ro. 15:13). Uno de los ministerios del Espíritu consiste en convencer al creyente de que tiene esperanza para el futuro.

Tal conocimiento actúa como una defensa extraordinaria contra Satanás, el cual trata de zarandearnos en cuanto a lo que está por venir. Sin esperanza, podríamos empezar a sentirnos sacudidos; pero ella nos defiende contra el diablo y sus mentiras. En 1 Tesalonicenses 5:8, Pablo hace referencia a "la esperanza de salvación como yelmo". Satanás viene a nosotros con su gran espada y quiere partir por la mitad nuestra confianza. Pero, cuando recordamos que el Espíritu de Dios nos ha confirmado su misericordioso don de la esperanza mediante la resurrección de Cristo, la espada del diablo rebota en nuestro yelmo sin llegar a dañarnos.

Permítame señalarle algo más en cuanto a la esperanza: esta ha de ser continua. Entre los muchos pasajes que nos hablan de ello se encuentra el Salmo 71:14, que dice: "Mas yo esperaré siempre, y te alabaré más y más".

Otra cosa maravillosa acerca de la esperanza es que proporciona gozo: "Bienaventurado aquel cuyo ayudador es el Dios de Jacob, cuya esperanza está en Jehová su Dios" (Sal. 146:5). ¿Por qué se siente feliz el salmista? Porque la esperanza produce gozo. Además, la esperanza nos quita el miedo a la muerte. Cuando esperamos verdaderamente en Dios y confiamos en nuestro Salvador Jesucristo, no tenemos nada que temer. Colosenses 1:5 hace referencia a "la esperanza que [nos] está guardada en los cielos". ¡Sabemos que Dios tiene un futuro y una promesa para nosotros, y que contamos con una esperanza venidera porque el Señor Jesucristo vive en nosotros ahora! La resurrección de nuestro Señor es la base de esta esperanza, la eliminación de nuestro miedo a la muerte.

Otra cosa que puede decirse acerca de nuestra esperanza es que está garantizada. Nada tiene por qué quitarnos nunca esa confianza ni robarnos la esperanza que poseemos. Hebreos 6:17-18 dice que el fortísimo consuelo y la esperanza puesta delante de nosotros descansa sobre dos cosas inamovibles: el hecho de que Dios las haya prometido y el hecho de que Él se haya comprometido a cumplirlas bajo juramento. En otras palabras, nuestra esperanza es segura, porque Dios es quien ha hecho la promesa y quien la ha confirmado con un juramento.

¿Cuándo se cumplirá nuestra esperanza? Cuando Jesús vuelva: "Aguardando la esperanza bienaventurada y la aparición gloriosa de nuestro gran Dios y Salvador Jesucristo" (Tit. 2:13). Cuando el Señor regrese, nuestra esperanza se verá consumada finalmente.

CINCO ASPECTOS DE LA ESPERANZA DEL CREYENTE

No podemos abandonar el estudio de esta cuestión sin considerar antes 1 Juan 2:27—3:3, uno de los grandes pasajes acerca de la esperanza. En esta sección descubrimos cinco aspectos de la esperanza cristiana.

La permanencia garantiza nuestra esperanza

Cuando Juan habla de permanecer, se está refiriendo a la salvación, a esa permanencia en Cristo que constituye la medida del verdadero creyente. Ese concepto se remonta a las palabras del Señor en Juan 8:31: "Si vosotros permaneciereis en mi palabra, seréis verdaderamente mis discípulos". Los discípulos verdaderos siguen adelante.

¿Qué garantiza que el creyente permanezca? El Espíritu Santo. Una paráfrasis de 1 Juan 2:27 podría ser: "Dios les ha dado el Espíritu Santo, y Él permanecerá en ustedes para que no necesiten ningún maestro humano. Pero como el Espíritu Santo les enseña todas las cosas, y es verdad y no miente, así también de la manera que Él los ha enseñado, ustedes deben permanecer". El Espíritu Santo es un detector interno de mentiras, un maestro de la verdad que reside en nosotros. Mora en cada cristiano para impedir que él o ella se aparte de la verdad.

Y entonces llegamos al versículo 28: "Y ahora, hijitos, permaneced en él". Lo que Juan quiere dar a entender es: "Sean auténticos, sean verdaderos creyentes, sean cristianos". El cristiano genuino continuará en Cristo.

No se nos exime de responsabilidad. Muchos versículos de las Escrituras dicen, efectivamente: "Esto es lo que Dios ha hecho por ustedes; vayan, pues, ahora y hagan lo mismo" (cp. Jud. 21 y 24; Jn. 17:6 y 2 Ti. 4:7). En la Biblia, los privilegios nunca eliminan las obligaciones, sino que las aumentan. Aunque nuestra permanencia en Cristo esté garantizada por el Espíritu Santo, no se nos libera de nuestras responsabilidades.

El Espíritu es un don que recibimos, pero este no nos dispensa de cumplir con nuestro deber ni nos convierte en irresponsables. No debería hacernos indiferentes, sino más fieles y diligentes en cuanto a afianzarnos en las cosas que sabemos son verdaderas. Hemos de disciplinarnos a fin de conformarnos a la obra del Espíritu y a su voluntad para nuestras vidas. Cuando la Biblia expresa que debemos andar en el Espíritu, quiere decir que nos conduzcamos de manera acorde con la obra del Espíritu Santo en nosotros.

El Señor, por ejemplo, le dijo a Pedro: "Yo he rogado por ti, que tu fe no falte" (Lc. 22:32); y unos versículos después miró a sus discípulos a los ojos y les ordenó: "Orad que no entréis en tentación (v. 40).

En 1 Corintios 10:13, Pablo afirma: "No os ha sobrevenido ninguna tentación que no sea humana; pero fiel es Dios, que no os dejará ser tentados más de lo que podéis resistir". Los corintios podrían haber dicho: "¡Estupendo, Dios nos preparará una salida! ¡Él se hará cargo de nuestros problemas y lo controlará todo!". Pero luego, en el siguiente versículo, el apóstol afirma: "Huid de la idolatría".

La obra interna de la gracia de Dios nunca prescinde de la exhortación. Jamás acepte usted la actuación soberana de Dios en su vida como excusa para la indolencia, la inactividad o la falta de disciplina.

Volvamos ahora a nuestro pasaje de 1 Juan y sigamos leyendo: "Y ahora, hijitos, permaneced en él, para que cuando se manifieste, tengamos confianza, para que en su venida no nos alejemos de él avergonzados" (1 Jn. 2:28). ¡Qué tremenda declaración! Nadie que permanezca en Cristo será avergonzado cuando Jesús vuelva.

La sangre de Cristo se hará cargo de los errores que hayamos cometido en nuestras vidas. La palabra que se traduce "confianza" quiere decir literalmente "osadía". Jesús viene, y cuando llegue podremos mostrarnos osados. En Apocalipsis 22:12, Él dice: "He aquí yo vengo pronto, y mi galardón conmigo, para recompensar a cada uno según sea su obra". Jesús premiará nuestro servicio.

¡Esto es emocionante! Permítame señalarle algunos versículos que explican lo que es el *bema* o tribunal de Cristo. Pablo escribió lo siguiente a su joven protegido Timoteo:

Porque yo ya estoy para ser sacrificado, y el tiempo de mi partida está cercano. He peleado la buena batalla, he acabado la carrera, he guardado la fe. Por lo demás, me está guardada la corona de justicia, la cual me dará el Señor, juez justo, en aquel día.

2 TIMOTEO 4:6-8

¿En qué día? En aquel cuando Jesús se manifieste a su Iglesia. Y Pablo añade al versículo 8: "y no sólo a mí, sino también a todos los que aman su venida". Aman tanto esa venida que le sirven. Son creyentes, cristianos, permanecen y serán osados al recibir su recompensa.

En 2 Corintios 5:10, leemos: "Porque es necesario que todos nosotros comparezcamos ante el tribunal de Cristo, para que cada uno reciba según lo que haya hecho mientras estaba en el cuerpo, sea bueno o sea malo". Las palabras traducidas por "bueno" o "malo" sería mejor traducirlas como "útil" o "inútil".

Para comprender esto, tenemos que considerar el largo pasaje paralelo de 1 Corintios 3:11-15:

Porque nadie puede poner otro fundamento que el que está puesto, el cual es Jesucristo. Y si sobre este fundamento alguno edificare oro, plata, piedras preciosas, madera, heno, hojarasca, la obra de cada uno se hará manifiesta; porque el día la declarará, pues por el fuego será revelada; y la obra de cada uno cual sea, el fuego la probará. Si permaneciere la obra de alguno que sobreedificó, recibirá recompensa. Si la obra de alguno se quemare, él sufrirá pérdida, si bien él mismo será salvo, aunque así como por fuego.

Las palabras "madera, heno [y] hojarasca" no parecen referirse al pecado, sino más bien a las cosas de poca importancia que hacemos. No son malas en sí, sino simplemente inútiles. Todo aquello que no sea ni bueno ni malo se elevará como el humo. Lo único que quedará serán esas actitudes y acciones que tuvieron por objeto únicamente a Cristo; por ellas seremos recompensados.

Puesto que esto es así, deberíamos ser muy precavidos en juzgar las obras de otros. Esa no es nuestra tarea, sino la de Jesús. "Así que, no juzguéis nada antes de tiempo, hasta que venga el Señor, el cual aclarará también lo oculto de las tinieblas, y manifestará las intenciones de los corazones; y entonces cada uno recibirá su alabanza de Dios" (1 Co. 4:5). ¿Qué va a recibir cada individuo ante el tribunal de Cristo? Alabanza de parte de Dios. De modo que, cuando Jesús venga, aquellos que permanecemos tendremos confianza cuando le veamos, ya que Él se habrá hecho cargo de nuestro pecado, quemado todos los rastrojos y dejado solo aquello por lo que se nos pueda recompensar.

La palabra traducida "confianza" en 1 Juan 2:28 significa literalmente "denuedo" o "libertad de expresión". Es la misma que se utiliza en Hebreos 4:16 y nos invita a acercarnos osadamente al trono de la gracia. La misma palabra se refiere al atrevimiento que tenemos en la oración (1 Jn. 3:21-22). Esa misma confianza con la que entramos en el lugar santísimo por la sangre de Cristo nos permite venir ante el tribunal de Cristo osadamente porque permanecemos en Él.

Naturalmente, cuando Cristo se manifieste, la gente que no haya permanecido en Él —que no haya sido creyente— experimentará mucha vergüenza. Si quiere saber cuánta vergüenza sentirán, lea Apocalipsis 6:15-17:

> *Y los reyes de la tierra, y los grandes, los ricos, los capitanes, los poderosos, y todo siervo y todo libre, se escondieron en las cuevas y entre las peñas de los montes, y decían a los montes y a las peñas: Caed sobre nosotros y escondednos del rostro de aquel que está sentado sobre el trono, y de la ira del Cordero; porque el gran día de su ira ha llegado; ¿y quién podrá sostenerse en pie?*

La clave está en Marcos 8:38, donde Jesús dice: "Porque el que se avergonzare de mí y de mis palabras en esta generación adúltera y pecadora, el Hijo del Hombre se avergonzará también de él, cuando venga en la gloria de su Padre con los santos ángeles". ¿Quién se sentirá avergonzado cuando Jesús venga? Aquellos que se avergonzaron de Él y de su Palabra en este tiempo.

Los verdaderos creyentes —aquellos que permanecen en Cristo— no se avergonzarán. De hecho, serán irreprochables. En 1 Corintios 1:8 leemos que Dios nos "confirmará hasta el fin, para que [seamos] irreprensibles en el día de nuestro Señor Jesucristo".

Y no solo eso, sino que ni siquiera vamos a tener "mancha ni arruga" que estropee nuestra apariencia (Ef. 5:27). ¡Eso es fantástico! ¿Necesita aún más pruebas para convencerse? Colosenses 1:22 dice que Cristo sufrió la muerte "para presentaros santos y sin mancha e irreprensibles delante de él"; y 1 Tesalonicenses 3:13 añade: "Para que sean afirmados vuestros corazones, irreprensibles en santidad, delante de Dios nuestro Padre, en la venida de nuestro Señor Jesucristo". Tenemos una gran esperanza, la cual está garantizada por nuestra permanencia en Cristo. De modo que hemos hecho el círculo completo para volver al punto de partida del apóstol Juan.

Nuestra esperanza se reconoce por la justicia
La esperanza se materializa o demuestra su veracidad por nuestra manera de vivir. Considere el siguiente versículo del mismo pasaje: "Si sabéis que él es justo, sabed también que todo el que hace justicia es nacido de él" (1 Jn. 2:29). En este versículo, Juan utiliza dos verbos griegos diferentes para "saber". El primero de ellos significa conocer algo absolutamente, y el segundo conocerlo por experiencia. Lo que Juan está diciendo es: "Si conocen como algo absoluto que Dios es justo, entonces conocen por experiencia que todo el que hace justicia ha nacido de Él".

Que Dios sea justo significa que es inocente de todo mal. Siempre hace lo bueno, y sus juicios son invariablemente ecuánimes. Y ya que los hijos tienden a ser como sus padres, resulta normal suponer que los hijos de Dios se parecerán a Él. Él es recto; por tanto, cabe esperar que sus hijos se comporten rectamente. La gente que tiene realmente esta esperanza no será justa e irreprensible solo en el *bema* o tribunal de Cristo; lo serán también ahora, puesto que han nacido de Dios. De manera que, si la esperanza que tenemos es auténtica, se materializará en una vida recta.

En 1 Pedro 1:14 se añade: "Como hijos obedientes, no os conforméis a los deseos que antes teníais estando en vuestra ignorancia". Pedro dice que Cristo va a regresar (v. 13), y que deberíamos ser obedientes. No tendríamos que actuar como lo hacíamos antes de ser cristianos. Y en seguida añade: "sino, como aquel que os llamó es santo, sed también vosotros santos en toda vuestra manera de vivir; porque escrito está: Sed santos, porque yo soy santo" (vv. 15-16). Se puede reconocer a un hijo de Dios porque actúa como tal. Además, Pablo expresa: "Examinaos a vosotros mismos si estáis en la fe" (2 Co. 13:5). ¿Y cómo nos examinamos? Considerando nuestras obras, el fruto que damos. De modo que nuestra esperanza se materializa en una vida piadosa. La esperanza verdadera redundará en una vida santa.

Nuestra esperanza se afirma mediante el amor
En 1 Juan 3:1, leemos: "Mirad cuál amor nos ha dado el Padre, para que seamos llamados hijos de Dios; por esto el mundo no nos conoce, porque no le conoció a él". El amor es lo que nos ha dado la esperanza.

Yo solía preguntarme: *¿No podría Juan haber ideado algo mejor que: "Mirad cuál amor..."? ¿Algo así como qué amor tan extraordinario, colosal, estupendo, magnífico e increíble?* Entonces me di cuenta de que el apóstol se sentía sencillamente abrumado y perplejo. Debía de estarse diciendo a sí mismo: *No puedo creer que Dios me haya amado tanto como para hacerme su hijo. Sería mucho más de lo que merezco si me hubiese convertido simplemente en su esclavo, y me contentaría con ser su vecino y, más aún, con ser su amigo. ¡Pero su hijo! ¡No es posible una proximidad mayor!* Juan no encontraba palabras para expresarlo; el concepto era demasiado grande.

En el griego clásico, la palabra traducida "cuál" (*potapos*) se utiliza para una raza, un país o una tribu extranjera. Así que lo que Juan está diciendo es: "¿Qué es este amor tan exótico que nos ha dispensado el Padre haciéndonos sus hijos?". En otras palabras, el amor de Dios que nos ha convertido en hijos suyos es ajeno al hombre, desconocido en el ámbito de la humanidad, sobrenatural, de otro mundo, perteneciente a otra dimensión.

Demos algunos ejemplos más del uso de este término. En Mateo 8:23-27, a Jesús se le presenta un pequeño problema: una tempestad en el mar mientras Él está durmiendo. Cuando sus discípulos lo despiertan gritando: "¡Señor, sálvanos, que perecemos!", el Señor se levanta y reprende al viento y a las olas. Se pone de pie y dice: "¡Calla!". "Y los hombres se maravillaron diciendo: ¿*Qué* hombre es este, que aun los vientos y el mar le obedecen?" (v. 27, cursivas añadidas). Otra vez la misma palabra griega. "¿De dónde venía Jesús? ¿Qué clase de personaje sobrenatural y de otro mundo era Él?". Los discípulos emplearon ese término para Jesús, y Juan lo hace para referirse al amor de Dios.

Una ilustración adicional la encontramos en 2 Pedro 3:10-11, donde el apóstol dice:

Pero el día del Señor vendrá como ladrón en la noche; en el cual los cielos pasarán con grande estruendo, y los elementos ardiendo serán deshechos, y la tierra y las obras que en ella hay serán quemadas. Puesto que todas estas cosas han de ser deshechas, ¡cómo no debéis vosotros andar *en santa y piadosa manera de vivir!* (énfasis añadido)

En otras palabras, si usted es hijo de Dios y sabe cómo va a acabar todo, debería comportarse como alguien que pertenece a otro mundo. ¿Acaso quiere usted atarse a algo que arderá en el fuego? Jesús no pertenecía a este mundo, y nosotros tampoco.

Ahora bien, la palabra traducida "amor" a lo largo de toda 1 Juan es *agape*. También conlleva la idea de algo ajeno a este mundo. El amor del hombre se orienta hacia el objeto; es decir, selecciona algo hermoso y lo ama. Se trata de un amor que discrimina según el objeto. Pero el amor de Dios no tiene nada que ver con lo amado, sino que se basa en la naturaleza divina. Esto lo convierte en una clase de amor diferente, ajeno a este mundo, fuera de nuestra experiencia. Dios lo ama a usted, no porque usted haya atraído su amor, sino porque la naturaleza divina consiste en amar. Puesto que usted existe, el Señor lo amó. ¿No es esto magnífico?

La consecuencia del maravilloso amor Dios es que usted y yo hemos sido llamados "hijos de Dios". Resulta emocionante saber que Dios es mi Padre. No se trata simplemente de mi gran Dios allá lejos, sino que Él está cerca y me ama. Puedo ir a Dios del mismo modo que a mi padre humano y saber que, si le pido pan, no me dará una piedra, porque me ama. Soy hijo suyo. De hecho, Él ha prometido que incluso heredaré juntamente con Jesucristo, su Hijo. ¡Me dejará participar de todo lo que Él ha preparado para Cristo!

La parábola del hijo pródigo lo ilustra muy bien. Después de que aquel hijo despilfarró su herencia, reconoció su pecado y volvió a casa, ¿lo trató su padre como a un esclavo? No, lo trató como a un hijo. Dios le ha hecho a usted su hijo, no su esclavo. Su relación con Él es la de un hijo con su amoroso Padre.

Lo que Juan expresa en el presente pasaje es: "Toda esta confianza, toda esta esperanza que tengo en el futuro se basa en el amor de Dios: un amor no de este mundo sino sobrenatural, que supera todo lo que la humanidad pudiera llegar a concebir". Y luego añade: "por esto el mundo no nos conoce, porque no le conoció a él". Jesús explicó que no debería sorprendernos si el mundo nos aborrecía, ya que también le había aborrecido a Él (Jn. 15:18-25). Cristo era de otro mundo, y lo mismo sucede con nosotros. ¡Qué emocionante!

Nuestra esperanza se cumple en la semejanza con Cristo

¡Imagínese esto! Algún día usted será como Jesús. "Amados, ahora somos hijos de Dios" (1 Jn. 3:2). ¿Cuándo se convirtió usted en un hijo de Dios? En el momento de creer. ¿Es ahora hijo de Dios? ¡Desde luego que sí!

Naturalmente, usted aún no ha sido coronado, de modo que tiene que habérselas todavía con las debilidades de los mortales y las muchedumbres de Satanás. Pero no por eso es menos hijo de Dios. Lo único que sucede es que Él aún no ha terminado su obra en usted. Dios es como un escultor que sigue cincelando la piedra hasta que la forma que Él desea obtener aparece. En cierta ocasión, Miguel Ángel expresó: "En cada bloque de piedra veo un ángel al que hay que liberar". Así también, Dios nos mira a cada uno de nosotros y expresa: "Ahí dentro percibo algo, y voy a hacerlo salir".

Lo que ahora es un proceso continuo se convertirá, cuando Jesús venga, en una realidad instantánea. La última parte del versículo 2 dice: "y aún no se ha manifestado lo que hemos de ser; pero sabemos que cuando él se manifieste, seremos semejantes a él, porque le veremos tal como él es".

Observe los tres pasos sucesivos: primeramente, Él se manifestará; luego, le veremos tal como Él es; y, finalmente, "seremos semejantes a él". Ese es su plan para con nosotros. Dios va a hacer a cada cristiano como Cristo. Lea Romanos 8:29: "Porque a los que antes conoció, también los predestinó para que fuesen hechos conformes a la imagen de su Hijo". ¿No resulta emocionante saber que seremos como Él? Juan 17:22-24 nos promete eso, como también 1 Corintios 13:12. Pero la más grande de todas las promesas con respecto a contemplar a Jesús la tenemos en Apocalipsis 22:4: "Y verán su rostro, y su nombre estará en sus frentes". Vamos a ver a Jesús cara a cara por toda la eternidad y, cuando le veamos, seremos transformados volviéndonos como Él.

En 1 Juan 3:2 se nos dice que seremos realmente como Cristo, y también Filipenses 3:20-21:

Mas nuestra ciudadanía está en los cielos, de donde también esperamos al Salvador, al Señor Jesucristo; el cual transformará el cuerpo de la humillación nuestra, para que sea semejante al cuerpo de la gloria suya, por el poder con el cual puede también sujetar a sí mismo todas las cosas.

Las apariciones de nuestro Señor después de su resurrección nos dan una idea de cómo es su cuerpo glorificado. Podía atravesar las paredes, aparecer y desaparecer a su antojo. Podía volar al instante a cualquier sitio, ya fueran las montañas o el cielo. Así seremos también nosotros.

En 1 Corintios 15 se nos da mucha información acerca de nuestros cuerpos glorificados futuros: serán incorruptibles (v.

42), lo que significa que no se deteriorarán, no envejecerán ni se descompondrán. Serán gloriosos, superarán cualquier cosa que podamos imaginar y serán poderosos, porque habremos dejado atrás para siempre toda debilidad. Los cuerpos que Dios nos dará algún día serán "espirituales"; es decir, estarán gobernados por el espíritu y no por la vida animal (v. 44). Contaremos con la clase de cuerpo que Cristo posee ahora.

Nuestra esperanza se caracteriza por la pureza

"Y todo aquel que tiene esta esperanza en él, se purifica a sí mismo, como él es puro" (1 Jn. 3:3). Si en realidad tiene usted esta esperanza y sabe que va a ser como Cristo, ello debería cambiar la forma en que vive.

Nuestra esperanza no solo es teológica, sino también moral, e influye en el comportamiento. Si creo verdaderamente en la segunda venida de Cristo y en que Él va a recompensar a su Iglesia, si creo que me va a hacer comparecer en su tribunal, entonces esa creencia afectará notablemente a mi manera de conducirme.

En la época del apóstol Juan —como en la nuestra— había gente que decía: "¡Somos cristianos, somos cristianos!". Pero echando un vistazo a sus vidas no se veía en ellas pureza, justicia, amor u obediencia. Así que Juan declara: "Táchelos. Son lobos con piel de oveja, farsantes". La prueba de que somos cristianos no consiste solo en que tengamos esperanza, sino en que dicha esperanza afecte nuestras vidas.

El conocimiento de que algún día usted será como Cristo debería moverle a parecerse a Él ahora. Somos criaturas dependientes de la motivación, y no hay motivación mayor que esta para estimularnos a vivir una vida pura.

Cuando yo jugaba fútbol americano, todo el mundo tenía que hacer flexiones de brazos al final de los entrenamientos. Y lo hacíamos mientras el entrenador estaba mirando; pero cuando volvía la cabeza nos sentíamos tentados a tumbarnos en tierra. No obstante, si él miraba de nuevo en nuestra dirección, ¡allá que íbamos otra vez! La presencia misma de una figura de autoridad cambiaba nuestra manera de comportarnos. En eso consiste la motivación externa.

Pero Jesús no va a volver como una simple figura de autoridad, sino como un amante Salvador que desea recompensarnos y hacernos como Él. Eso debería movernos interiormente a amarle y obedecerle, así como a conformarnos a la pureza que es su norma.

Habrá momentos en su experiencia cristiana en que tenga ganas de abandonar, de tirar la toalla, de escapar de la palestra de la vida. Cuando eso suceda, piense en aquel grupito de creyentes, víctima de persecuciones y tribulaciones, a los que Pablo escribía recordándoles que habían sido llamados "para alcanzar la gloria de nuestro Señor Jesucristo" (2 Ts. 2:14). Los exhortaba a permanecer fieles a la Palabra de Dios.

Luego, el apóstol añade esta bendición de la que hago eco: "Y el mismo Jesucristo, Señor nuestro, y Dios nuestro Padre, el cual nos amó y nos dio consolación eterna y buena esperanza por gracia, conforte vuestros corazones, y os confirme en toda buena palabra y obra" (vv. 16-17).

Cuando se vea tentado a abandonar la carrera de la fe, aférrese a la esperanza y piense en las alentadoras palabras del poeta:

Como tú, oh Jesús, desearía ser,
Y tu imagen en mí formada tener.
Mi pecado olvidado, tu belleza al fin,
Tu gloria en mi vida, tu semejanza en mí.

Como tú, oh Jesús, cada día más,
Del Espíritu es obra mi vida cambiar.
De gloria en gloria me transforme así,
Hasta que un día te contemple al fin.

Como tú, oh Jesús, mi amigo, mi bien,
Amar a los hombres, tal es mi deber.
Salvador amante, tu gracia y piedad
Solo serán mías viéndote al final.

¡Ser como tú, Jesús!
¡Ser como tú!
Para eso vivo y moriré también,
¡Oh esperanza mía y mi eterno bien!

10

EL ESTUDIO BÍBLICO

La apertura de la biblioteca

La Biblia es la revelación final, completa y autoritativa de Dios para el hombre. Es nuestra guía para la vida, la norma por la que medimos nuestro comportamiento. Puede haber otras cosas útiles que aprender, pero no tienen la autoridad de las Escrituras. Cuando la Biblia habla, es Dios quien lo hace.

Puesto que esto es así, las Escrituras requieren nuestro estudio cuidadoso y diligente. Si la Biblia es la Palabra de Dios, nuestra guía para la vida, debemos aprender lo que dice. Y no solo eso, sino que hemos de comprender el significado de sus palabras. Saber lo que dice la Biblia nos será de poco provecho si no lo interpretamos correctamente.

¿POR QUÉ DEBEMOS ESTUDIAR LA BIBLIA?

Nuestra sociedad está orientada hacia la diversión, y hay un millón de cosas que compiten con el estudio bíblico tratando de que les dediquemos tiempo. Algunos cristianos se dedican a leer toda clase de libros además de la Biblia. Si entramos en una librería cristiana corriente, descubriremos que las novelas de ficción, los relatos de experiencias personales, la psicología y los manuales de autoayuda, así como los libros acerca de temas de actualidad, sobrepasan con mucho el número de comentarios y libros de doctrina bíblica.

Algunas de esas obras pueden tener cierta utilidad. Algunas han sido escritas por personas piadosas y el contenido es bíblicamente sano. No cabe la menor duda de que Dios las utiliza en nuestras vidas para hacernos crecer espiritualmente. Pero, por muy provechosos y bíblicamente correctos que esos libros puedan ser, no tienen el valor de un estudio bíblico riguroso. Si descuidamos el estudio serio y constante de la Palabra de Dios, nuestro crecimiento espiritual se resentirá.

El estudio bíblico es necesario para el crecimiento en la fe
El Nuevo Testamento dice reiteradamente que los cristianos han nacido de nuevo (Jn. 3:7; 1 P. 1:3) y son hijos de Dios (Ro. 8:16; 1 Jn. 3:1). Hemos nacido en la familia del Señor y Él nos ha adoptado como hijos.

Ello implica la capacidad de crecer espiritualmente. Y ¿cómo podemos hacerlo? Pedro nos da la respuesta: "Desead, como niños recién nacidos, la leche espiritual no adulterada, para que por ella crezcáis para salvación" (1 P. 2:2). Si no alimentamos debidamente a un bebé, este no se desarrollará ni madurará. Y el apóstol explica que lo mismo puede decirse del crecimiento espiritual: al igual que el recién nacido se desarrolla tomando leche, el cristiano crece espiritualmente alimentándose de la Palabra.

Un ejemplo claro de este principio lo tenemos en Jeremías 15:16. "Fueron halladas tus palabras, y yo las comí; y tu palabra me fue por gozo y por alegría de mi corazón". El profeta devoró la Palabra de Dios y esta le produjo un gran gozo.

Pablo comprendía lo importante que era para los creyentes alimentarse de la Palabra, y dijo a los corintios: "De manera que yo, hermanos, no pude hablaros como a espirituales, sino como a carnales, como a niños en Cristo. Os di a beber leche y no vianda; porque aún no erais capaces, ni sois capaces todavía" (1 Co. 3:1-2). Pablo había alimentado a los corintios con leche, no con alimento sólido, debido a la inmadurez de ellos. Sin embargo, sí los había nutrido con la Palabra de Dios.

No deberíamos malinterpretar la metáfora que utiliza el apóstol de la leche y la carne como si dijera que algunas partes de las Escrituras son leche y otras, alimento sólido. Más bien, la Biblia entera puede constituir tanto leche como vianda, según la profundidad con que la estudiemos. "Porque de tal manera amó Dios al mundo, que ha dado a su hijo unigénito, para que todo aquel que en él cree, no se pierda, mas tenga vida eterna" (Jn. 3:16) podría ser "leche" para un recién convertido. Para un creyente maduro, con mayor comprensión del amor divino, puede constituir "alimento sólido". La Biblia contiene verdades tan sencillas que incluso el cristiano más nuevo puede comprender y, al mismo tiempo, tan profundas que el creyente más maduro es incapaz de sondear.

Pablo exhortaba a los colosenses diciendo: "Por tanto, de la manera que habéis recibido al Señor Jesucristo, andad en él; arraigados y sobreedificados en él, y confirmados en la fe, así como habéis sido enseñados, abundando en acciones de gracias" (Col. 2:6-7). ¿Cómo crecen los cristianos? Siendo edificados y establecidos en la fe: en las verdades del cristianismo, en la doctrina bíblica. Cuanto más entendemos la Biblia, tanto más afirmados y edificados estamos.

En su mensaje de despedida a los ancianos de la iglesia en Éfeso, Pablo les dice: "Y ahora, hermanos, os encomiendo a Dios, y a la palabra de su gracia, que tiene poder para sobreedificaros y daros herencia con todos los santificados" (Hch. 20:32). Es la Palabra la que nos edifica y hace que crezcamos espiritualmente.

El crecimiento resulta esencial para ser útiles. Es maravilloso estar rodeados de bebés, pero estos no ayudan mucho en la casa. Por desgracia, lo mismo podría decirse de bastantes cristianos: su falta de madurez espiritual reduce sobremanera su utilidad para la causa de Cristo.

El estudio bíblico es necesario para vencer el pecado
¿Siente usted frustración en su lucha contra el pecado? ¿Son más sus derrotas que sus victorias? Tal vez el problema resida en que está peleando la batalla con las armas equivocadas. Jamás podremos derrotar al pecado a menos que luchemos contra él con la Palabra de Dios.

Toda la armadura que Pablo describe en Efesios 6 tiene carácter defensivo —sirve para protegernos—, excepto una sola arma que es de ataque: "la espada del Espíritu, que es la palabra de Dios" (v. 17). ¿Qué es lo que derrota a la tentación y el pecado? En última instancia solo la Palabra. El salmista escribe al respecto: "¿Con qué limpiará el joven su camino? Con guardar tu palabra... En mi corazón he guardado tus dichos, para no pecar contra ti" (Sal. 119:9, 11). Y el apóstol Juan describe a los jóvenes como aquellos que han vencido al maligno por medio de la Palabra que permanece en ellos (1 Jn. 2:14).

El conocimiento de la Biblia es un arma excelente contra el pecado. Cuanto más sostenemos la verdad bíblica, más fuertes somos contra el pecado. Después de pasar muchos años estudiando y absorbiendo la Palabra de Dios, veo que esta me ha hecho más resistente a la tentación. Aun antes de dar cabida a algún pecado, surgen en mi mente varios versículos que lo confrontan. Por otro lado, si llenamos nuestro pensamiento de cosas ajenas a la Palabra, el Espíritu Santo no tendrá nada valioso que recordarnos cuando seamos tentados.

Los expertos en informática utilizan a menudo las siglas GIGO: *Garbage In, Garbage Out* (Basura que entra, basura que sale). Las computadoras dependen por completo de la información que se les introduzca; y casi todos los "errores" que cometen son, en realidad, errores de programación o grabación. Si le proporcionamos mala información o instrucciones deficientes a una computadora, obtendremos resultados erróneos. Y lo mismo pasa con nuestra mente: los pensamientos con los cuales la alimentemos saldrán a luz inevitablemente en nuestra conducta. Proverbios 23:7 lo expresa de esta manera: "Porque cual es su pensamiento en su corazón, tal es él". Llenar nuestras mentes de las verdades de la Palabra de Dios dará como resultado la santidad y el buen comportamiento. Sin embargo, saturarlas de otras cosas producirá un fruto correspondiente. En Marcos 7:21-23, Jesús explicó el producto de una mente que no está llena de la verdad de Dios: "Porque de dentro, del corazón de los hombres, salen los malos pensamientos, los adulterios, las fornicaciones, los homicidios, los hurtos, las avaricias, las maldades, el engaño, la lascivia, la envidia, la maledicencia, la soberbia, la insensatez. Todas estas maldades de dentro salen, y contaminan al hombre".

El estudio bíblico es necesario para un servicio eficaz

El conocimiento a fondo de la Biblia resulta absolutamente esencial para un servicio espiritual adecuado. Las Escrituras nos proporcionan la ayuda y la perspicacia necesarias para manejar situaciones difíciles. Nos enseñan cómo realizar la obra del Señor a su manera y no violar sus principios para el ministerio.

En Josué 1:8-9, vemos cómo Dios preparó a Josué para la formidable tarea que este tenía por delante: la conquista de la Tierra Prometida.

Nunca se apartará de tu boca este libro de la ley, sino que de día y de noche meditarás en él, para que guardes y hagas conforme a todo lo que en él está escrito; porque entonces harás prosperar tu camino, y todo te saldrá bien. Mira que te mando que te esfuerces y seas valiente; no temas ni desmayes, porque Jehová tu Dios estará contigo en dondequiera que vayas.

¿Cómo había de prepararse Josué para su tarea? ¿Tenía que estudiar administración y técnicas de liderazgo? ¿Debía leer algún libro acerca de cómo motivar a la gente? Su máxima prioridad era estudiar y meditar la Palabra de Dios; eso —le dijo Dios— coronaría con éxito su ministerio.

El apóstol Pablo, escribiendo a su joven protegido Timoteo, le dio este sabio consejo para que tuviera un ministerio fructífero: "Si esto enseñas a los hermanos, serás buen ministro de Jesucristo, nutrido con las palabras de la fe y de la buena doctrina que has seguido" (1 Ti. 4:6).

¿Cómo llegamos a ser buenos ministros o siervos de Cristo? Alimentándonos constantemente de la Palabra de Dios y de la sana doctrina. Si conocemos las Escrituras, seremos siervos eficaces de Dios.

El estudio bíblico es necesario para recibir bendiciones espirituales

La mayoría de nosotros preferimos estar alegres a tristes. No hay muchos a quienes les guste sentirse desdichados. La vida consiste en momentos desgraciados y felices, pero he descubierto que cuanto más estudio la Biblia tanto más dichoso soy cualesquiera sean las circunstancias. La Palabra de Dios me hace feliz. El Salmo 1 describe al hombre dichoso como alguien que "no anduvo en consejo de malos, ni estuvo en camino de pecadores, ni en silla de escarnecedores se ha sentado; sino que en la ley de Jehová está su delicia, y en su ley medita de día y de noche" (vv. 1-2). La persona bienaventurada o feliz es aquella que estudia la Biblia.

Cuando nos encontramos con un cristiano triste y desdichado, lo primero que debemos indagar es su constancia en el estudio bíblico. En mi experiencia como pastor, he conocido a mucha gente que forcejeaba en su vida cristiana hasta que comenzó a estudiar regularmente las Escrituras.

El estudio bíblico es necesario para convertirnos en consejeros eficaces

¿Cuál es la mejor manera de ayudar a quienes pasan por dificultades? Mostrarles la solución de Dios para sus problemas. Pero ¿cómo podemos hacer eso a menos que estudiemos la Biblia? ¿Cómo seremos capaces de hacer a otros partícipes de aquellos principios que no hemos descubierto nosotros mismos? El requisito previo para ayudar a los demás es conocer la Palabra de Dios.

Pablo les dijo a los corintios que Dios "nos consuela en todas nuestras tribulaciones, para que podamos también nosotros consolar a los que están en cualquier tribulación, por medio de la consolación con que nosotros somos consolados por Dios" (2 Co. 1:4). Ciertamente, una de las maneras en que Dios consoló a Pablo en sus pruebas fue mediante las Escrituras. Pablo, a su vez, utilizó lo que Dios le había enseñado para ministrar a otros.

El conocimiento de la Biblia es también esencial para hacer discípulos

En 2 Timoteo 2:2, Pablo le dice a su joven colaborador: "Lo que has oído de mí ante muchos testigos, esto encarga a hombres fieles que sean idóneos para enseñar también a otros". Una vez más constatamos que no podemos transmitir a otros aquello que nosotros no hemos aprendido.

Para ser eficaces en la evangelización, debemos conocer la Palabra de Dios. Pedro escribe al respecto: "Santificad a Dios el Señor en vuestros corazones, y estad siempre preparados para presentar defensa con mansedumbre y reverencia ante todo el que os demande razón de la esperanza que hay en vosotros" (1 P. 3:15). No hay nada tan desalentador como no conocer las respuestas a las preguntas que nos hace la gente, o conocerlas pero no saber encontrar un versículo que las respalde. El conocimiento bíblico es decisivo para la evangelización eficaz.

CÓMO ESTUDIAR LA BIBLIA

Antes de que podamos estudiar las Escrituras necesitamos un primer paso preparatorio. Lo encontramos en 1 Pedro 2. Como ya hemos visto, el versículo 2 de ese capítulo habla del cristiano que se alimenta de la Palabra de Dios. El versículo 1 nos explica lo que debemos hacer antes: "Desechando, pues, toda malicia, todo engaño, hipocresía, envidias, y todas las detracciones". Santiago concuerda en que, para que la Palabra nos beneficie, tenemos que abandonar el pecado: "Por lo cual, desechando toda inmundicia y abundancia de malicia, recibid con mansedumbre la palabra implantada, la cual puede salvar vuestras almas" (Stg. 1:21).

¿Qué significa esto? Que antes de poder sacar algún provecho del estudio de la Biblia debemos deshacernos del pecado. Una forma excelente de comenzar nuestro estudio bíblico es con un periodo de confesión y una oración para que Dios nos ilumine. ¿Y luego...?

Lea la Biblia

Familiarícese con lo que dice. Este es el primer paso necesario para el estudio bíblico, y Dios nos bendice a través de él. Algunas personas evitan el libro de Apocalipsis pensando que resulta demasiado difícil de entender. Sin embargo, Dios promete que aquellos que lo lean y obedezcan serán bienaventurados: "Bienaventurado [feliz] el que lee, y los que oyen las palabras de esta profecía, y guardan las cosas en ella escritas" (Ap. 1:3). Yo solía tener dificultades para recordar lo que leía en la Biblia. Al día siguiente de leer un pasaje lo había olvidado. Después de terminar un libro no sabía demasiado acerca de él. Desperdiciaba mucho tiempo y esfuerzo en leer las Escrituras sin sacar demasiado provecho.

Decidí que la mejor forma para mí de aprender la Biblia era leyéndola repetitivamente. Isaías dice que aprendemos "línea sobre línea, un poquito allí, otro poquito allá" (Is. 28:13). Es como estudiar para un examen en la escuela: no se lee el material solo una vez, sino que se repasa reiteradamente.

Recomiendo comenzar por un libro relativamente breve del Nuevo Testamento (en el capítulo 1 describí la manera como empecé yo a usar este método con 1 Juan). Léalo de principio a fin de una sentada y en la Biblia que utiliza habitualmente (si no está seguro de qué traducción emplear, le aconsejo la *Biblia de las Américas,* la *Reina-Valera de 1960* o la *Nueva Versión Internacional*). Hágalo a diario durante un periodo de treinta días, y al final de ese periodo conocerá de qué trata el libro seleccionado. De hecho, hasta será capaz de visualizar dónde se ubican los pasajes en sus respectivas páginas (razón por la cual debería leer siempre la misma Biblia). Anotar el tema de cada capítulo en una tarjeta también le ayudará a dominar el contenido del libro. Tal vez descubra —como hice yo— que treinta días no es bastante, y se sienta tan animado por lo que está aprendiendo que desee ampliar su lectura a un periodo de sesenta o noventa días.

¿Qué sucede cuando llegamos a un libro más largo del Nuevo Testamento como, por ejemplo, uno de los Evangelios? Hay que dividirlo en porciones más cortas y leer cada una de ellas por turno durante treinta días. Si se trata, digamos, del Evangelio de Juan, leería usted los capítulos 1 al 7 durante el primer mes; luego, los capítulos 8 al 14 durante el mes siguiente; y, finalmente, desde el capítulo 15 hasta el 21 a lo largo del tercer mes. En noventa días habrá leído todo el Evangelio treinta veces.

Le sugiero que continúe con ese modelo de lectura alternada de libros cortos y largos, y en un par de años puede haber leído treinta veces el Nuevo Testamento entero. Puesto que va usted a leer la Biblia durante el resto de su vida, debería hacerlo de una manera que le ayude a retener lo que ha leído.

Esa, sin embargo, puede no ser la mejor forma de estudiar el Antiguo Testamento. Ya que este se compone —en su mayor parte— de relatos históricos y poesía, no se necesita leer cada libro repetitivamente. En vez de ello, lea todo el Antiguo Testamento de principio a fin y, una vez que lo haya hecho, vuelva a empezar de nuevo por el principio. Esa debería ser su práctica de por vida. Hay varios sistemas que puede utilizar para leer todo el Antiguo Testamento en un año.

Al leer sistemáticamente la Biblia, usted llegará a conocer el contenido cada vez mejor. Será capaz de hacer sus propias correlaciones entre pasajes sin depender tanto de las concordancias. Con frecuencia, el tema de una determinada porción le recordará cierto asunto relacionado de otra. Irá usted adquiriendo gradualmente una buena comprensión de lo que la Palabra enseña sobre distintas cuestiones.

Estudie la Biblia

La lectura de la Biblia es un primer paso decisivo, y aprenderemos mucho de hacerlo. Pero no debemos quedarnos ahí. Necesitamos cavar bajo la superficie de las Escrituras mediante un estudio bíblico riguroso. Hay varios métodos para hacerlo.

Puede, por ejemplo, estudiar un tema bíblico o concentrarse en todas las oraciones que aparecen en la Biblia. Quizá quiera comenzar por Génesis y buscar cada uno de los pasajes donde alguien ora. Luego podría examinar quién es el que lo está haciendo, cuál es su petición y de qué manera Dios contesta su oración. O tal vez desee estudiar simplemente las oraciones de Pablo o de cualquier otro personaje bíblico. O podría indagar acerca del perdón, el juicio u otro tema que le venga al pensamiento. Un índice temático le será de gran ayuda para el estudio por asuntos; como también una concordancia exhaustiva, la cual incluye muchas más entradas que la concordancia que aparece al final de su Biblia. La mejor en español es la *Nueva concordancia exhaustiva de la Biblia Strong* (Grupo Nelson). Según la versión de la Biblia que se utilice habrá de usarse también la correspondiente concordancia.

Otra forma de estudiar la Biblia es a través de las biografías de sus personajes. Se puede seleccionar algún gran hombre del Antiguo Testamento —como Elías, David o José—, o del Nuevo Testamento —como Pedro o Pablo—. E incluso podría estudiar a alguien menos conocido, como Andrés. Podemos aprender muchas cosas valiosas de la manera como esos hombres vivieron sus vidas y de cuál fue el trato de Dios para con ellos. Las enciclopedias bíblicas contienen artículos muy útiles sobre tales personajes.

Pero tal vez el método principal de estudio bíblico consista en estudiar la Biblia por pasajes. Después de haber leído un libro treinta veces, tendrá usted un buen conocimiento de su contenido. Escriba un bosquejo de ese libro y estúdielo por secciones. Eso es lo que yo hago, esencialmente, cuando me preparo para predicar.

Todo estudio riguroso comienza, como es natural, por la lectura. Sature su mente del contenido del pasaje. Léalo en varias versiones distintas de la Biblia, ya que cada una de ellas aclarará diferentes matices del significado del texto original.

Cuando lea el pasaje, busque los conceptos clave: las verdades principales que enseña. Estos se harán más claros cuanto más lea el pasaje. Cuando los descubra, escríbalos y escriba también las preguntas o problemas que encontró. Intente aprender tanto como pueda del pasaje antes de consultar fuentes externas. Finalmente, elabore un bosquejo preliminar del pasaje.

El siguiente paso consiste en estudiar el pasaje versículo por versículo, utilizando comentarios, léxicos, enciclopedias o diccionarios bíblicos, y cualquier otro instrumento de consulta que pueda serle útil. Leer lo que han escrito algunos eruditos piadosos acerca de un determinado texto bíblico le ayudará a no malinterpretarlo. Asegúrese, también, de tomar notas mientras lee. El último paso es la preparación de un bosquejo final, tomando en cuenta todo el material que haya reunido durante su estudio. Si va a enseñar acerca del pasaje, deberá buscar formas de ilustrar y aplicar las verdades que ha descubierto. Yo intento emplear ejemplos de la Biblia siempre que sea posible, ya que la mejor manera de explicar las Escrituras es mediante el uso de otros textos bíblicos; para eso, las referencias marginales que encontramos en muchas ediciones de la Biblia pueden resultarnos de bastante utilidad.

Enseñe la Biblia

No guarde para sí mismo lo que haya aprendido, sino busque a alguien para enseñárselo. Si está casado, haga partícipe de sus descubrimientos a su cónyuge. Si tiene hijos, enséñeselos a ellos. Trate de encontrar a alguien a quien pueda discipular. Incluso si es usted nuevo en la fe, busque a alguna persona con menos conocimiento y transmítale lo que ha aprendido. Ser responsables de la enseñanza de otros es una gran motivación para entregarnos nosotros mismos al estudio. Sin lugar a dudas, el incentivo práctico mayor que yo tengo para estudiar la Biblia es mi responsabilidad de predicar los domingos.

Rinda cuentas a otros

Busque a alguien a quien le pueda rendir cuentas de su estudio bíblico, especialmente si no enseña la Palabra regularmente. Trate de encontrar a alguna persona que ejemplifique las verdades bíblicas en su propia vida y modele la suya según ese patrón.

Escuche a otros enseñar la Palabra

Asista a una iglesia donde se honre y enseñe la Biblia. Oiga mensajes grabados de buenos expositores bíblicos. Lea los sermones de los grandes predicadores del pasado. Estas cosas no pueden sustituir su propio estudio personal, pero son un suplemento necesario. Hay demasiados creyentes inmersos en la cultura del entretenimiento cristiano. Van de evento en evento, viendo películas cristianas, asistiendo a conciertos cristianos o persiguiendo a alguna "celebridad" cristiana, pero que, por alguna razón, jamás parecen someterse a una enseñanza sistemática de la Palabra de Dios. No permita que la búsqueda del entretenimiento le impida recibir la instrucción bíblica que es imprescindible para su crecimiento espiritual.

La Biblia es esencial en la vida cristiana. Es la Palabra infalible, inerrante, completa, autorizada y suficiente de Dios para nosotros. Constituye nuestra fuente de verdad, felicidad, victoria, crecimiento, poder y dirección. Es una llave absolutamente imprescindible para crecer espiritualmente.

LA COMUNIÓN
CON LOS HERMANOS

La apertura de la sala

La Biblia utiliza varias metáforas para describir a la Iglesia. La representa como un rebaño cuyo pastor es Cristo (Jn. 10:14). Habla de nosotros como los pámpanos de la vid que es Jesús (Jn. 15:5), como súbditos de su reino (Jn. 18:36-37) y como hijos de la familia de Dios (Jn. 1:12). Aunque todas estas metáforas se utilizan también en el Antiguo Testamento para describir la relación de Dios con Israel, hay una que es exclusiva de la Iglesia: el concepto de cuerpo, con Cristo como la cabeza (Col. 1:18).

Todos los creyentes llegan a formar parte del cuerpo de Cristo en el momento de la salvación, mediante el bautismo del Espíritu Santo. Este bautismo no es una experiencia posterior a la salvación o una "segunda bendición", sino más bien la única forma de pertenecer a dicho cuerpo. Pablo afirma claramente tal cosa en 1 Corintios 12:13: "Porque por un solo Espíritu fuimos todos bautizados en un cuerpo, sean judíos o griegos, sean esclavos o libres; y a todos se nos dio a beber de un mismo Espíritu". Cuando fuimos salvos, el Espíritu Santo nos colocó en el cuerpo de Cristo: llegamos a formar parte de la Iglesia.

LA SALVACIÓN ES LA INCORPORACIÓN AL CUERPO DE CRISTO

Resulta muy importante que entendamos lo que sucede en el

momento de la salvación. Tal vez podamos comprender mejor sus riquezas si consideramos algunas palabras claves.

Reconciliación. Reconciliar es "poner de acuerdo a dos partes que se hallan enemistadas; particularmente, la obra de Cristo que hace las paces entre Dios y el hombre, lo cual da como resultado la salvación".[1] El hombre y Dios están separados por el pecado: "Vuestras iniquidades han hecho división entre vosotros y vuestro Dios" (Is. 59:2). La muerte de Jesús en la cruz nos ha reconciliado con Dios.

Efesios 2:11-16 es una buena ilustración de esta verdad. Los versículos 11 y 12 de ese pasaje describen la condición en la que estamos antes de ser salvos: "Por tanto, acordaos de que en otro tiempo vosotros, los gentiles en cuanto a la carne... estabais sin Cristo, alejados de la ciudadanía de Israel y ajenos a los pactos de la promesa, sin esperanza y sin Dios en el mundo". Los no creyentes están separados del Hijo de Dios, el pueblo de Dios, los pactos de Dios y la presencia de Dios. No tienen esperanza en absoluto.

Dios en su misericordia no nos dejó en esa condición desesperanzada. Los versículos 13-16 continúan describiendo nuestra situación después de la salvación:

> *Pero ahora en Cristo Jesús, vosotros que en otro tiempo estabais lejos, habéis sido hecho cercanos por la sangre de Cristo, porque él es nuestra paz, que de ambos pueblos hizo uno, derribando la pared intermedia de separación, aboliendo en su carne las enemistades, la ley de los mandamientos expresados en ordenanzas, para crear en sí mismo de los dos un solo y nuevo hombre, haciendo la paz, y mediante la cruz reconciliar con Dios a ambos en un solo cuerpo, matando en ella las enemistades.*

La muerte expiatoria de Cristo en la cruz efectuó nuestra reconciliación. Cuando ponemos la fe en Cristo, desaparece la barrera entre Dios y nosotros causada por el pecado. Todos los creyentes verdaderos, cualquiera que sea su denominación, son uno mediante su unión con el Señor Jesucristo (1 Co. 6:17).

Jesucristo vino al mundo para poner paz entre Dios y el hombre, que eran enemigos por causa del pecado del hombre. Lo hizo por medio de su muerte sacrificial en la cruz. Verdaderamente, "Él es nuestra paz" (Ef. 2:14).

Justificación. Justificación es "el acto de Dios por medio del cual pone a los pecadores en una nueva relación de pacto con Él a través del perdón de los pecados... Se trata de una afirmación divina que declara justas a las personas".[2] En la justificación, Dios declara justos a los pecadores culpables. Él es "el justo, y el que justifica al que es de la fe de Jesús" (Ro. 3:26), gracias a que la muerte de Jesús pagó la deuda de nuestros pecados (Ro. 5:9). La base de nuestra justificación no son nuestras buenas obras. La justificación es un regalo de Dios (Ro. 3:24) y se recibe únicamente por la fe (Ro. 3:28).

No hay que separar la justificación de la santificación. La primera se manifestará inevitablemente mediante el cambio en la vida de las personas. En 2 Corintios 5:17, Pablo nos dice: "De modo que si alguno está en Cristo, nueva criatura es; las cosas viejas pasaron; he aquí todas son hechas nuevas". Como resultado de nuestra salvación tenemos que andar "en vida nueva" (Ro. 6:4).

Regeneración. La regeneración puede definirse como "ese acto de Dios por el cual el principio de la nueva vida se implanta en el hombre, y la disposición que rige el alma queda santificada".[3] Otro nombre que se da a la regeneración es "nuevo nacimiento", al cual se refiere la Biblia en pasajes tales como Juan 1:12-13; 3:3, 6; y 1 Pedro 1:3, 23.

En Efesios 2 tenemos una buena ilustración de la regeneración. El versículo 1 nos dice que antes de ser salvos estábamos "muertos en [nuestros] delitos y pecados". Antes de la salvación, estábamos espiritualmente muertos. Éramos tan incapaces de responder a los estímulos espirituales como las personas físicamente muertas lo son para reaccionar ante los impulsos físicos.

Esa realidad quedó ejemplificada para mí, de manera gráfica, con un trágico incidente que se produjo hace muchos años. Cierto día, estaba yo sentado en mi despacho cuando alguien comenzó a golpear frenéticamente la puerta. Al abrir me encontré con un pequeño, que vivía en una casa poco más abajo de la iglesia, el cual me rogó, con lágrimas en los ojos: "Por favor, venga usted a ayudarnos. Mi hermanita recién nacida acaba de morir". Me apresuré a seguirle mientras él corría por la calle hacia su casa. Cuando llegué, su aturdida madre me señaló un dormitorio y dijo: "Mi pequeña ha muerto". Entré en la habitación y, encima de la cama, vi a un bebé de tres o cuatro meses. Le pregunté a la mujer si había intentado reanimarla, y ella dijo que sí. Llorando de manera descontrolada tomó el cuerpecito sin vida, y lo besó y acarició dulcemente. Pronto llegó el servicio de urgencias, pero no pudieron hacer nada por ella.

Aunque el amor de una madre por su hijo tal vez sea la emoción humana más poderosa que existe, ni siquiera esta obtuvo una respuesta por parte del bebé. Estar físicamente muerto nos hace incapaces de responder, por muy grande que sea el estímulo.

La muerte espiritual produce un efecto semejante. Estar muerto espiritualmente es ser incapaz de responder a Dios. Por esa razón Pablo dice que, antes de ser salvos, vivíamos "en los deseos de nuestra carne, haciendo la voluntad de la carne y de los pensamientos, y éramos por naturaleza hijos de ira, lo mismo que los demás" (Ef. 2:3). El amor de Dios no producía en nosotros respuesta alguna.

Todo eso cambió después de nuestra salvación: "Pero Dios, que es rico en misericordia, por su gran amor con que nos amó, aun estando nosotros muertos en pecados, nos dio vida juntamente con Cristo" (vv. 4-5). Si nos encontramos espiritualmente muertos, estamos desvalidos (Ro. 5:6) y somos incapaces de cambiar nuestra condición. Pero, gracias a que Dios es sumamente amante y misericordioso, Él tomó la iniciativa y nos concedió nueva vida en Cristo, a raíz de lo cual ahora vivimos espiritualmente. Tenemos conciencia de la presencia de Dios y nos comunicamos con Él mediante la oración. Lo escuchamos hablar a nuestros corazones por medio de su Palabra.

Entre las muchas bendiciones que conlleva la salvación están, por tanto, la reconciliación, la justificación y la regeneración.

Dios nos ha bendecido "mucho más abundantemente de lo que pedimos o entendemos" (Ef. 3:20). Sin embargo, a todo esto Dios añade una bendición más. Él nos coloca a los reconciliados, justificados y regenerados en la Iglesia, que es el cuerpo de Cristo. Para decirlo con las palabras de Pablo, estamos "en Cristo" (Ro. 8:1; 1 Co. 1:30), lo cual nos otorga una nueva serie de privilegios.

LOS PRIVILEGIOS DEL CUERPO

Estar "en Cristo" significa hallarnos tan identificados con Él que Dios siempre nos ve en relación con Jesús. No tenemos ninguna identidad espiritual aparte de Cristo. Por eso Dios puede imputarnos justicia y perdonar nuestros pecados: porque nos ve en Cristo. Y por eso, a Pablo le es posible llamarnos "coherederos con Cristo" (Ro. 8:17). Todas nuestras bendiciones espirituales nos llegan a través de nuestra unión con Cristo: "Bendito sea el Dios y Padre de nuestro Señor Jesucristo, que nos bendijo con toda bendición espiritual en los lugares celestiales en Cristo" (Ef. 1:3).

Mediante nuestra unión con Cristo hemos sido adoptados por Dios. Como dice Efesios 1:5, Dios nos predestinó "para ser adoptados hijos suyos por medio de Jesucristo". A raíz de esto tenemos una relación íntima con Él. Pablo dice en Romanos 8:15 que nos dirigimos a Dios como "Abba", el equivalente arameo de "papaíto".

Nuestra identificación con Cristo también nos garantiza que jamás perderemos la salvación. Ya que estamos en Él, nos hizo "justicia de Dios en él" (2 Co. 5:21). Dios nos ha impartido la justicia de Cristo, como resultado de lo cual estamos completamente perdonados. Dios ha predestinado a aquellos que se hallan en Cristo "para que fuesen hechos conformes a la imagen de su Hijo" (Ro. 8:29). El versículo 30 nos presenta el vínculo inquebrantable que hay entre la predestinación y la glorificación: todos aquellos que están predestinados son a su debido tiempo glorificados, y ninguno se pierde por el camino (cp. Jn 6:39). Esta maravillosa verdad hizo exclamar triunfalmente a Pablo: "¿Quién acusará a los escogidos de Dios? Dios es el que justifica.

164 ~~~ LLAVES DEL CRECIMIENTO ESPIRITUAL

¿Quién es el que condenará? Cristo es el que murió; más aun, el que también resucitó, el que además está a la diestra de Dios, el que también intercede por nosotros" (Ro. 8:33-34). El Padre jamás nos condenará, ni tampoco lo hará Cristo. Nuestra salvación es segura.

Y no solo está garantizada nuestra salvación, sino que también es completa. Colosenses 2:10 nos dice: "Y vosotros estáis completos en [Cristo]"; mientras que 2 Pedro 1:3 nos informa de que "todas las cosas que pertenecen a la vida y a la piedad nos han sido dadas por su divino poder". Nada nos falta.

Los nuevos creyentes no son renacuajos espirituales. No añaden a su cuerpo partes nuevas a medida que crecen y maduran. Así como los recién nacidos están plenamente formados pero necesitan crecer, los cristianos precisan crecer "en la gracia y el conocimiento de nuestro Señor y Salvador Jesucristo" (2 P. 3:18), pero poseen todas sus partes desde el comienzo. Estamos completos en Cristo.

¿Cuál debería ser nuestra respuesta a todas las bendiciones que nos pertenecen en Jesús? Debemos llevar vidas coherentes con lo que somos en Él.

Tengo un amigo que jugaba al fútbol americano en los *Green Bay Packers* durante la época dorada del equipo bajo el entrenador Vince Lombardi. En cierta ocasión me contó que había algo en el hecho de ponerse el uniforme de los *Packers* que motivaba a los jugadores a funcionar por encima de su nivel normal. Querían mantener la tradición de ese equipo. Así debería suceder con los cristianos. Nuestro Padre es el Rey soberano del universo, y hemos de llevar vidas que repercutan favorablemente sobre su dignidad. Por eso Pablo exhortaba a los efesios: "Os ruego que andéis como es digno de la vocación con que fuisteis llamados" (Ef. 4:1).

Dios nos ve perfectos y completos en Cristo. El crecimiento espiritual no afecta esa visión de nosotros. El crecimiento se produce cuando vivimos de un modo más coherente con nuestra identidad en Jesús. La vida cristiana es el proceso de llegar a ser lo que realmente somos.

LOS DONES DEL CUERPO

En el cuerpo de Cristo existe unidad real. Aunque la verdadera Iglesia esté formada por personas diferentes, somos un solo cuerpo en el que—como dijera Pablo a los Gálatas— "no hay judío ni griego; no hay esclavo ni libre; no hay varón ni mujer; porque todos vosotros sois uno en Cristo Jesús" (Gá. 3:28). Sin embargo, juntamente con esa unidad llega la diversidad de dones espirituales. Cada miembro del cuerpo está dotado de un modo único por Dios, y si alguno no utiliza su don, perjudica a todo el cuerpo.

En las Escrituras se enumeran muchos dones, incluyendo profecía, enseñanza, fe, sabiduría, conocimiento, discernimiento de espíritus, misericordia, exhortación, generosidad, administración, milagros, sanidades, lenguas e interpretación de lenguas. (Los cuatro últimos fueron dones transitorios concedidos como señales a la iglesia primitiva y que no operan en la actualidad).[4] Cada cristiano tiene ciertos dones, como deja claro 1 Corintios 12:7-11. Cada creyente es responsable de utilizarlos para el servicio, a fin de que los otros miembros del cuerpo se puedan beneficiar (v. 7). En un capítulo anterior mencioné que sería estúpido que alguien con el don de enseñanza se pusiera frente a un espejo y se enseñara a sí mismo. Sería igualmente insensato imaginar que otro, con el don de la misericordia o la generosidad, lo utilizara solo en beneficio propio. Contrariamente a mucho de lo que se enseña hoy día, ningún don espiritual se ideó para la edificación privada.

¿Qué es un don espiritual? No se trata de ninguna habilidad o talento humano. Usted puede ser por naturaleza un atleta, un músico, un artista o un escritor, pero esos no son dones espirituales. Aunque podamos manifestar nuestros dones espirituales por medio de tales habilidades, los unos y las otras no son iguales. En contraposición a los talentos naturales, el don espiritual constituye un canal dado por Dios a través del cual el Espíritu Santo ministra.

Los dones del Espíritu no se consiguen buscándolos o "esperándolos". No podemos usar trucos ni estrategias para obtener los que queremos, ni hay un don que todos los cristianos posean

(1 Co. 12:29-30). Quien distribuye los dones espirituales en el cuerpo es el Espíritu Santo, actuando según su voluntad soberana (1 Co. 12:11). Y como deja claro la analogía entre el cuerpo humano y la Iglesia, todos los dones son importantes (1 Co. 12:20-25). La posesión de un determinado don espiritual no significa que alguien sea más espiritual que otro.

¿Cómo descubrimos nuestros dones espirituales? Simplemente viviendo llenos del Espíritu Santo y observando cómo Dios nos utiliza.

LA COMUNIÓN DEL CUERPO

La comunión con los hermanos está íntimamente relacionada con los dones espirituales. De hecho, no puede existir esta comunión sin el ministerio de los dones. La comunión del cuerpo es el cuidado y preocupación mutuos entre los creyentes. Los pasajes del Nuevo Testamento que hablan al respecto contienen la expresión "los unos a los otros" o similar. Hemos de confesarnos nuestros pecados los unos a los otros (Stg. 5:16), edificarnos unos a otros (1 Ts. 5:11), llevar las cargas los unos de los otros (Gá. 6:2), orar unos por otros (Stg. 5:16), ser benignos los unos con los otros (Ef. 4:32), someternos los unos a los otros (Ef. 5:21), hospedarnos los unos a los otros (1 P. 4:9), servirnos los unos a los otros (Gá. 5:13), alentarnos los unos a los otros (1 Ts. 4:18), restaurarnos los unos a los otros (Gá. 6:1), perdonarnos unos a otros (Col. 3:13), amonestarnos unos a otros (Ro. 15:14), enseñarnos los unos a los otros (Col. 3:16), exhortarnos unos a otros (He. 3:13) y, sobre todo, amarnos los unos a los otros (1 P. 1:22; 1 Jn. 4:7, 11). ¡Obviamente, la comunión bíblica va mucho más allá que tomar café con galletas en el salón de la iglesia! La verdadera comunión cristiana tiene lugar cuando los creyentes se juntan para ministrarse unos a otros en el poder del Espíritu Santo.

En un cuerpo humano normal y saludable todas las partes actúan conjuntamente. De otro modo, el cuerpo estaría tullido y sería incapaz de funcionar de manera correcta. Ningún miembro actúa independientemente del resto; y así ocurre también en el cuerpo de Cristo. Todos los miembros deben obrar de manera conjunta para que el cuerpo funcione como es debido. Ninguno ha de hacerlo aisladamente del resto; en el Nuevo Testamento no hay cristianos que no formen parte de una congregación local. Dios nunca quiso que la iglesia fuese un lugar al que personas solitarias acuden los domingos, se sientan entre la muchedumbre y luego se marchan con la misma soledad y los mismos quebrantos con los que llegaron. La iglesia es más bien un lugar de comunión íntima y cariñosa. La comunión es esencial tanto para la congregación, en general, como para cada uno de sus miembros.

Si todos los miembros funcionan debidamente, el cuerpo de Cristo estará fuerte y saludable, y constituirá un poderoso testimonio que el mundo no podrá pasar por alto.

EL
TESTIMONIO

La apertura del cuarto de los niños

Hace bastantes años fui testigo de un intento de asesinato. Dos hombres apalearon salvajemente a un tercero y yo intervine para tratar de detenerlos. Cuando llegó la policía me preguntaron si estaría dispuesto a testificar contra los dos hombres. Acepté hacerlo y, con el tiempo, me llamaron como testigo de la acusación en su juicio. Después de tomarme juramento, el fiscal me pidió que dijese a la sala tres cosas: lo que había visto, lo que había oído y lo que había sentido.

Esa es una buena definición de testigo: alguien que testifica de lo que ve, oye y siente. Y ese fue el testimonio del apóstol Juan acerca de Jesús: "Lo que era desde el principio, lo que hemos oído, lo que hemos visto con nuestros ojos, lo que hemos contemplado, y palparon nuestras manos tocante al Verbo de vida... lo que hemos visto y oído, eso os anunciamos" (1 Jn. 1:1, 3). En esto consiste ser testigo cristiano: en contar a otros nuestra experiencia con Cristo.

La Biblia no considera el testimonio como algo opcional en la vida cristiana. Pasajes tales como Mateo 28:19-20 o Hechos 1:8 dejan claro que todos los creyentes tienen la responsabilidad de ser testigos de Cristo. No es necesario conocer todas las complejidades teológicas para ser testigos eficaces. El ciego que Jesús sanó en Juan 9 no sabía cómo contestar a todas las preguntas teológicas que le hacían los fariseos, pero pudo decir: "Una cosa sé, que habiendo yo sido ciego, ahora veo" (v. 25). Fue capaz de contar lo que Jesús había hecho por él. Eso es algo que está al alcance de todos los cristianos, por muy poca teología o apologética que sepan. Todos podemos comunicar a otros lo que Cristo ha hecho en nuestras vidas.

Los testigos en un tribunal de justicia no siempre presentan su testimonio de un modo ordenado. A menudo dicen cosas que no vienen al caso. Pero un buen abogado tomará ese testimonio y lo aplicará a la causa que está siendo juzgada. El Espíritu Santo hará esto mismo con nuestro testimonio. Algunas de las cosas que digamos serán probablemente muy acertadas, otras no. Sin embargo confiamos en que el Espíritu de Dios se hará cargo de nuestro testimonio y lo utilizará para sus propios fines. El Espíritu emplea los testimonios que damos para presentar a Cristo.

Todos los cristianos somos testigos. Usted no puede decir: "Espero estudiar algún día teología y apologética para que pueda dar testimonio de Cristo". Si usted es cristiano, ya ha visto lo que Cristo ha hecho en su vida. La única pregunta es si está usted dispuesto a dar su testimonio. La víctima del intento de asesinato que yo presencié estaba demasiado asustada para testificar. Ciertamente había sido testigo de lo ocurrido, y sabía perfectamente lo que le habían hecho, pero su negativa a testificar hacía inútil su testimonio para llevar a aquellos criminales ante la justicia. De igual manera, nuestro testimonio de lo que Cristo ha hecho por nosotros es inútil si no lo compartimos. Ser testigo no siempre resulta fácil. A veces los testigos se enfrentan a la amenaza de represalias por parte de los acusados. Como cristianos, es posible que seamos ridiculizados o marginados por aquellos a quienes hablamos de Cristo. A la mayoría de nosotros nos importa más protegernos a nosotros mismos que proclamar a Jesús. Pero si queremos ser testigos eficaces de Jesucristo, debemos dar más importancia a lo que el mundo piense de Cristo que a la opinión que pueda tener de nosotros.

EL TESTIMONIO COLECTIVO DE LA IGLESIA

Comentando acerca de la importancia del testimonio de la Iglesia, Gene Getz escribió:

La evangelización colectiva resulta fundamental para el evangelismo personal. En el Nuevo Testamento, el buen funcionamiento del cuerpo de Cristo preparaba el terreno para el testimonio individual. Por eso dijo Jesús: "En esto conocerán todos que sois mis discípulos, si os amáis los unos a los otros". Y Pablo: "Amarás a tu prójimo como a ti mismo" (Ro. 13:9). Por eso, también, Pedro exhortó a los creyentes a mantener buena su manera de vivir entre los gentiles (1 P. 2:12).

El evangelismo personal cobra una importancia extraordinaria visto contra el telón de fondo de un cuerpo maduro de creyentes locales que causan un impacto en sus comunidades mediante su integridad (1 Ts. 4:11-12), generosidad (Ro. 13:7), conducta ordenada (1 Co. 10:31-33), sabiduría (Col. 4:6), diligencia (Gá. 6:9), humildad (1 P. 2:18) y —además de estas cosas— su testimonio inequívoco de Jesucristo (1 P. 3:15).

Resulta difícil ser un testigo solitario. A menudo esto se hace preciso, pero el plan general de Dios consiste en una evangelización colectiva en el contexto de un cristianismo dinámico y de una vigorosa vida comunitaria.

Con la unidad funcional de todos sus miembros, la iglesia local puede causar un tremendo impacto en una comunidad pagana. De modo que no se trata tanto de los individuos extravertidos —a quienes, a menudo, se ensalza como los "más espirituales" debido a que testifican—, sino del ministerio de todo el cuerpo de Cristo, donde cada uno participa del gozo y la recompensa de aquellos que tienen el privilegio de "sacar la red" para Cristo.[1]

El testimonio de una iglesia en su comunidad refleja y afecta los testimonios de sus miembros individuales.

A veces el testimonio dado por una congregación afecta al de sus miembros. En cierta ocasión, una iglesia cercana celebró un baile y alguien echó alguna cosa en la limonada emborrachando a los líderes. Una mujer hasta terminó desnudándose. Sobra decir que la publicidad negativa por este incidente destruyó la reputación de esa iglesia. Puede usted imaginarse la dificultad que tuvieron sus miembros para compartir el evangelio después de aquel suceso. En cuanto las personas a quienes estaban testificando se enteraban de cuál era su iglesia, se acababa la conversación. La credibilidad de la organización a que pertenecemos resulta muy importante para nuestro testimonio personal.

Por otra parte, las acciones de un solo individuo pueden afectar negativamente el testimonio de una congregación entera. Me sentí consternado por un incidente que se produjo en nuestra iglesia hace algunos años. Un hombre que asistía a *Grace Community Church* invitó a un abogado amigo suyo a uno de los cultos del domingo. "Jamás iré a esa iglesia —contestó el hombre—, ya que a ella asiste el abogado menos honrado que conozco". He ahí un caso en el que el estilo de vida pecaminoso de un solo miembro afectaba al testimonio de toda una congregación. Aquel suceso me inquietó tanto que el domingo siguiente lo conté a los hermanos y pedí al abogado en cuestión, quienquiera que fuese, que ordenase su vida o abandonara la iglesia.

EL TESTIMONIO DE LOS CREYENTES INDIVIDUALES

Nuestra eficacia como testigos de Jesucristo no solo se ve afectada por el testimonio colectivo de nuestra iglesia, sino también por la credibilidad de nuestra propia vida. Si nuestro comportamiento no respalda lo que decimos, la gente lo notará, y nuestro testimonio no será creíble.

En Mateo 23:2-3, Jesús dijo: "En la cátedra de Moisés se sientan los escribas y los fariseos. Así que, todo lo que os digan que guardéis, guardadlo y hacedlo; mas no hagáis conforme a sus obras, porque dicen, y no hacen". Eran unos hipócritas, que decían una cosa y hacían otra. Nosotros no debemos ser así: la gente necesita ver en nuestras vidas la realidad de lo que profesamos.

En cierta ocasión prediqué en una cárcel local. Después, se me acercó uno de los internos y me dijo: "Ha sido estupendo. Estoy contento de ver a un hermano en Cristo. Yo también hago la obra del Señor". Y me dio el nombre de la organización cristiana para la cual trabajaba. Un poco sorprendido, le pregunté qué hacía él en la cárcel. "Ah —me respondió—, me pusieron varias multas de tráfico y jamás pagué ninguna, por lo que me sentenciaron a noventa días en prisión".

Le recordé las palabras de Pedro: "Por causa del Señor someteos a toda institución humana, ya sea al rey, como a superior, ya a los gobernadores, como por él enviados para el castigo de los malhechores y alabanza de los que hacen bien. Porque esta es la voluntad de Dios: que haciendo bien, hagáis callar la ignorancia de los hombres insensatos" (1 P. 2:13-15). Y luego le dije: "Háganos un favor a todos y no diga a nadie que es cristiano; no necesitamos esa clase de publicidad". Aquello realmente lo sacudió; pero, entonces, tuve la oportunidad de hablarle de la importancia de la credibilidad.

Tal vez no se encuentre usted en la cárcel, pero hay otras maneras menos evidentes de socavar su propio testimonio mediante el estilo de vida que lleva. Quizá no se muestre diligente en brindarle a su patrón un día de trabajo como es debido. Puede que hable a otros de Cristo mientras debería estar trabajando. Si su jefe o sus compañeros llegan a enterarse de eso, su testimonio se verá desacreditado. O tal vez sea un estudiante y lo descubran haciendo trampa en un examen, ¿quién lo escuchará luego cuando hable de Cristo? ¡Es mejor reprobar ese examen que deshonrar la causa de Cristo!

No permita que su estilo de vida debilite su propio testimonio y el de otros cristianos. El apóstol Pedro nos da un buen consejo: "Porque esta es la voluntad de Dios: que haciendo bien, hagáis callar la ignorancia de los hombres insensatos... teniendo buena conciencia, para que en lo que murmuran de vosotros como de malhechores, sean avergonzados los que calumnian vuestra buena conducta en Cristo" (1 P. 2:15; 3:16). No deje que su estilo de vida haga que alguien se cierre al evangelio.

NUESTRO TESTIMONIO DEPENDE DEL ESPÍRITU SANTO

Las personas no se salvan por nuestro testimonio ni porque los hagamos callar o utilicemos buenas tretas de vendedor en la presentación del evangelio. Nadie se ha salvado nunca, ni se salvará, sin la operación del Espíritu Santo. Aunque el apóstol Pablo le anunció el evangelio a Lidia, ella no se salvó hasta que "el Señor abrió el corazón de ella para que estuviese atenta a lo que Pablo decía" (Hch. 16:14). Es el Espíritu quien "convencerá al mundo de pecado, de justicia y de juicio" (Jn. 16:8). Ni siquiera el conocimiento de las verdades bíblicas salvará a nadie sin la obra del Espíritu Santo (1 Co. 2:14).

He aquí una verdad liberadora. Anunciar el evangelio sería una carga terrible si la salvación de la gente dependiera de nuestra capacidad de persuasión. ¡Qué consolador resulta saber que solo somos responsables de actuar con diligencia y fidelidad, permitiendo que el Espíritu nos utilice! A menudo la gente me pregunta si me siento decepcionado cuando las personas no se salvan en respuesta a mi predicación. Me siento decepcionado en cuanto a ellas, pero sé que Dios me ha llamado a predicar el evangelio y no a salvar a la gente. Esa es tarea del Espíritu Santo. Lo único que usted y yo podemos hacer es ser testigos fieles de Jesucristo y permitir que el Espíritu soberano realice su obra.

ALGUNOS CONSEJOS PRÁCTICOS PARA TESTIFICAR[2]

Testificar a otros acerca de Cristo puede resultar intimidante. He aquí algunos pasos prácticos que le ayudarán a empezar.

Comience por preparar su testimonio

Le aconsejo que lo escriba y, de esta manera, pueda estructurarlo de un modo claro y ordenado. Repáselo a menudo y manténgalo fresco en su memoria.

¿Qué clase de estructura debería tener un testimonio coherente? Comience relatando su insatisfacción con la vida que llevaba antes de ser salvo. He ahí algo con lo que la mayoría de los no creyentes pueden identificarse, porque ellos también se sienten infelices. Esté alerta para descubrir esa oportunidad en la conversación cuando alguien manifieste su descontento con la vida. Mencione que usted solía sentirse igual y luego cuente su testimonio. El siguiente paso consiste en explicar su conversión. Relate la forma en que Cristo sustituyó esa insatisfacción por paz y contentamiento. Asegúrese de utilizar la Biblia para dotar de fundamento su experiencia.

Luego narre lo que le sucedió después de convertirse: cómo cambiaron sus deseos, sus metas y sus prioridades. Hágales saber que ahora tiene una perspectiva totalmente distinta de la vida. Asegúrese de explicar bien el evangelio utilizando la Biblia. Exprese claramente las verdades bíblicas de que todos los hombres son pecadores, están bajo la condenación justa de un Dios justo y la salvación se consigue solamente por la fe en Cristo, no mediante buenas obras. Deje claro que el verdadero arrepentimiento es estar dispuesto a renunciar a un estilo de vida pecaminoso y a vivir en obediencia a Cristo.

Busque oportunidades para contar su testimonio. Pedro dijo: "Santificad a Dios el Señor en vuestros corazones, y estad siempre preparados para presentar defensa con mansedumbre y reverencia ante todo el que os demande razón de la esperanza que hay en vosotros" (1 P. 3:15).

Cuando cuente su testimonio, es importante que dé la oportunidad de responder a quien le está escuchando. Podría usted preguntar algo como: "¿Hay alguna razón que le impida recibir a Cristo ahora mismo?". La respuesta le indicará si la persona está lista para ello o necesita más enseñanza y exhortación.

Conozca bien los recursos que hay disponibles

En el evangelismo personal, un folleto puede constituir una buena herramienta. Hay muchos a su disposición, como por ejemplo:

- *¿Quién dices que soy?* (Panorama City, Calif.: Gracia a Vosotros, 1991); http://www.gracia.org/recursos. aspx?p=a&article=2

- *¿Cuál es la pregunta más importante de la vida?* (Winona Lake, Ind.: BMH, 1975); http://bmhbooks. com/shop/lifes-most-important-question-spanish/

Existen muchos más. Asegúrese de escoger uno que presente claramente y con precisión el evangelio, y conózcalo a fondo usted mismo antes de utilizarlo para testificar.

Si tiene oportunidad, participe en algún cursillo de evangelismo personal tal como *Evangelismo Explosivo*. Hay también excelentes manuales para aprender a dar testimonio. Uno de los mejores es *Tell the Truth* [Diga la verdad], de Will Metzger (Downers Grove, Ill.: InterVarsity Press, 1981; solo en inglés). Aprender principios eficaces de evangelismo personal puede resultar muy útil. Asegúrese de que el adiestramiento que recibe o los libros que lee le enseñan un método de evangelización bíblicamente sano. Hay demasiado evangelismo hoy en día centrado en el hombre y no en Dios.

Familiarícese, además, con algunos libros que presentan pruebas de la veracidad del cristianismo y contestan a las objeciones que a menudo los no creyentes sacan a colación. Dos libros muy útiles —entre otros muchos— son *Evidencia que exige un veredicto*, de Josh McDowell (Deerfield, FL: Editorial Vida, 1993), y *Reason to believe* [Razón para creer], de R. C. Sproul (Grand Rapids, Mich.: Zondervan Publishing House, 1982; solo en inglés).

Formule algunas preguntas útiles para dirigir la conversación hacia cuestiones espirituales. Sea sensible y discreto en su manera de introducir el evangelio en una charla. Tener en mente algunas preguntas para cuando se presente la ocasión puede ayudar. Podría, por ejemplo, preguntarle a alguien: "¿Quién piensa usted que es Jesucristo?". O "¿Cree que es posible estar absolutamente seguro de ir al cielo? ¿Cómo piensa que alguien es capaz de tener esa clase de seguridad?". Preguntas como estas pueden ser útiles para enfocar la conversación en el evangelio y también para proporcionarle a usted una idea clara de la condición espiritual de las personas.

Finalmente, esté alerta para detectar las oportunidades. Cierto hombre que conozco le preguntó a la azafata del avión en que volaba qué haría si este perdiera fuerza y se estrellara contra una montaña.

—Caballero —le respondió ella—, ¿cómo se le ocurre preguntarme una cosa así?

—Pensaba —dijo él— qué haría usted si de repente se encontrara cara a cara con Dios, y Él le preguntara qué derecho tenía a entrar en el cielo.

La mujer se quedó pensativa durante un momento y, por último, admitió:

—Pues no lo sé —a raíz de lo cual el hombre en cuestión procedió a guiarla a Cristo.

LA IMPORTANCIA DEL SEGUIMIENTO

Nuestra responsabilidad para con quienes guiamos a Cristo no acaba en el momento de su conversión, sino que nuestra meta es discipularlos y conducirlos hasta ese nivel de madurez que les permitirá hacer discípulos ellos mismos (2 Ti. 2:2). Jesús nos encargó que hiciéramos discípulos a las personas que evangelizamos (Mt. 28:19-20). Siempre que sea posible, usted debería establecer una relación de discipulado con quienes guía a Cristo. Si no puede hacerlo, intente referirlos a otros que puedan hacerlo. Como mínimo, indíqueles algunos buenos libros y mensajes que les ayuden a crecer en Cristo.

¿Cómo se discipula a una persona? Reuniéndose con ella regularmente y enseñándole verdades bíblicas tanto doctrinales como prácticas. Interésese por su vida y adviértale de las consecuencias de seguir en el pecado. Si la persona que está discipulando tiene problemas con el manejo del dinero, enséñele principios de la Biblia relacionados con la economía. Si lucha con la lascivia, enséñele principios bíblicos referentes a cómo vencer la tentación. Para cualesquiera áreas de su vida que necesiten reparación, transmítale las verdades correspondientes de las Escrituras. Amoneste a la persona si persiste en esos pecados. Cerciórese de ser para ella un ejemplo de vida piadosa digno de seguirse; de otro modo, el estilo de vida de usted podría socavar la verdad que le está enseñando. Y, sobre todo, ame a esa persona. Sírvala con humildad. Esté disponible para ella. Sea su amigo.

LA URGENCIA DEL TESTIMONIO

Algunos cristianos tienen miedo de confrontar a los no creyentes con el evangelio porque temen alarmarlos. ¡Pero cuánto más alarmados se sentirán al darse cuenta, demasiado tarde, de que no conocen la verdad! Tienen *necesidad* de que se les alarme. Hablando acerca de la urgencia de alcanzar a los perdidos, Jesús dice en Mateo 9:37-38: "A la verdad la mies es mucha, mas los obreros pocos. Rogad, pues, al Señor de la mies que envíe obreros a su mies".

¿Es usted uno de los obreros del Señor?

EL DISCERNIMIENTO

El cierre de la puerta de entrada

Hace cerca de diez años recorrí en automóvil el sur de los Estados Unidos ministrando en algunas zonas remotas. Una tarde, mientras conducía con otro pastor a través de Arkansas, vi un cartel, escrito de manera bastante rudimentaria, que anunciaba edredones hechos a mano. Como tenía interés en comprarle uno a mi esposa, nos detuvimos para ver lo que vendían. La casa era muy vieja y rústica. La mujer que nos abrió la puerta nos invitó a entrar con gran entusiasmo al saber que me interesaban sus colchas. Su marido estaba sentado frente al televisor siguiendo un programa religioso. Por todo el salón había montones de libros, cintas de video y toda clase de literatura. La mujer me enseñó varios edredones y luego entró a otra habitación para buscar su favorito, dejándonos a mi amigo y a mí con su esposo.

—¿Son ustedes creyentes? —le pregunté.

—¿Creyentes en qué? —me respondió.

—En Cristo —repliqué.

—Naturalmente —me dijo. Y me enseñó su colección de materiales. Muchos de estos tenían una solidez bíblica, pero también poseía mucha literatura de los testigos de Jehová, los mormones, la Iglesia de la Cienciología, el unitarismo y la fe Baha'í. Obviamente, el hombre estaba también en la lista de correo de los telepredicadores más famosos.

—Creemos que en todo esto hay algo bueno —nos explicó.

Para entonces la mujer había regresado con su colcha favorita. Francamente, era de bastante mal gusto, con retazos de extrañas formas y tejidos diversos cosidos unos con otros sin ningún patrón reconocible. Los otros edredones que me había enseñado resultaban mucho más atractivos, y le compré uno que me gustaba especialmente.

Después de salir de la casa pensé que la preciada colcha de aquella mujer era una perfecta metáfora de la perspectiva teológica de la pareja. Sin discernimiento alguno, estaban confeccionando una religión exclusivamente suya a base de trozos cortados de todo origen imaginable.

Lamentablemente, aquella gente no era tan distinta de la persona religiosa media que encontramos en nuestra cultura: leen, escuchan grabaciones, ven programas de televisión, con poco o ningún discernimiento; simplemente pegan parches unos con otros para formar un amorfo sistema de creencias sin sentido.

En 1 Tesalonicenses 5:21-22, el apóstol Pablo confronta tal mentalidad con las palabras: "Examinadlo todo; retened lo bueno. Absteneos de toda especie de mal". Esa es una de las verdades básicas de la vida piadosa y una clave esencial para alcanzar cualquier nivel de madurez espiritual.

Por desgracia, en años recientes, la Iglesia se ha visto invadida por una credulidad casi insuperable. Un sinfín de ridículas aberraciones teológicas han causado estragos entre aquellos que se consideran cristianos. La confusión y el error campan a sus anchas. Muy pocos creyentes parecen tener el discernimiento necesario para distinguir entre la verdad y la herejía. El caos amenaza con llevarse por delante a la Iglesia. Como consecuencia, el cristianismo bíblico pelea por su misma supervivencia.

Las malas decisiones, el razonamiento deficiente, la comprensión superficial, la ignorancia rampante, el poco compromiso y el pobre conocimiento de las Escrituras siempre han turbado a la Iglesia. De hecho, a lo largo de los siglos estos problemas internos han contribuido más a las calamidades del cristianismo que todos los ataques externos juntos. Las persecuciones han cobrado sus víctimas, pero el caos interno y la división en cuanto a la doctrina han sido la causa de la mayor parte de las cicatrices.

Satanás, disfrazado de ángel de luz, quiere confundir al pueblo de Dios (2 Co. 11:13-15). La Escrituras nos advierten repetidamente contra "espíritus engañadores y doctrinas de demonios" (1 Ti. 4:1), "herejías destructoras" (2 P. 2:1), "fábulas" (1 Ti. 1:4; 2 Ti. 4:4; Tit. 1:14), "cosas perversas" (Hch. 20:30), "mandamientos y doctrinas de hombres" (Col. 2:22; cp. Tit. 1:14), "cuestiones necias e insensatas" (2 Ti. 2:23), "fábulas profanas" (1 Ti. 4:7), falsa "ciencia" y "profanas pláticas sobre cosas vanas" (1 Ti. 6:20), "filosofías y huecas sutilezas" y "tradiciones de los hombres" (Col. 2:8). Todas esas cosas son peligros latentes para los cristianos.

Jesús nos habló de "lobos... con vestidos de ovejas" (Mt. 7:15). Pablo dijo a los ancianos de Éfeso: "Yo sé que después de mi partida entrarán en medio de vosotros lobos rapaces, que no perdonarán al rebaño" (Hch. 20:29). También escribió advirtiendo a Timoteo: "Los malos hombres y los engañadores irán de mal en peor, engañando y siendo engañados" (2 Ti. 3:13).

Nadie que comprenda las Escrituras y conozca esas advertencias contra el error debería ser tan crédulo como para considerar las diversas enseñanzas existentes y decir: "Todas tienen algo de bueno". Ni por un momento podemos creer que todo el que reivindique estar en Cristo y pretenda hablar en su nombre esté diciendo la verdad. Tampoco podemos tolerar pasivamente semejante error pensando que confrontar la falsa enseñanza y la doctrina descuidada sea algo cruel, falto de amor o poco espiritual. Hay mucho en juego.

La Biblia nos ordena en muchos lugares que discernamos, discriminemos, seamos juiciosos y defendamos con solicitud la verdad.[1] Ningún pasaje es tan claro como 1 Tesalonicenses 5:21-22. Allí Pablo da tres directrices para el cristiano con discernimiento.

JÚZGUELO TODO

"Examinadlo todo" (v. 21) es una llamada a ejercer un juicio cuidadoso. A la gente le encanta citar Mateo 7:1: "No juzguéis, para que no seáis juzgados", pero ese versículo habla de no juzgar las actitudes, los motivos y las cosas secretas del corazón de los demás. Esas cosas no podemos juzgarlas; ni siquiera somos capaces de verlas. Solo Dios puede hacerlo (1 S. 16:7). Un día Él "juzgará por Jesucristo los secretos de los hombres" (Ro. 2:16). Entretanto, no debemos juzgarnos unos a otros. Dicho de otra manera, no hemos de condenar los pensamientos, motivos, actitudes, deseos u otras cualidades invisibles de los demás.

Sin embargo, eso no quiere decir que no debamos ejercer discernimiento. Se espera indudablemente de nosotros que juzguemos entre la verdad y el error, lo correcto y lo incorrecto, el bien y el mal.

Pablo escribió a la iglesia de Corinto: "Como a sensatos os hablo; juzgad vosotros lo que digo" (1 Co. 10:15). Jesús dijo: "Juzgad con justo juicio" (Jn. 7:24). Está claro que nuestro Señor nos exige que usemos el discernimiento para distinguir entre la verdad y el error.

En 1 Tesalonicenses 5, la exhortación a examinarlo todo se aplica especialmente a la predicación y la enseñanza. El versículo 20 menciona "las profecías". Pablo no se está refiriendo a revelaciones extrabíblicas, sino a las manifestaciones de aquellos cuyo don era el de ministrar la Palabra con autoridad profética. El equivalente moderno sería predicar y enseñar la Palabra de Dios. Dice esencialmente: "No menosprecien la enseñanza autorizada, sino examínenla, aférrense a lo bueno y rechacen el resto".

Esta amonestación es especialmente oportuna en la actualidad. Rebate la tendencia de nuestra cultura a desechar la exposición bíblica autoritativa en favor del entretenimiento. Confronta las ideas de aquellos que menosprecian la doctrina en su búsqueda de "la unidad" y colocan las relaciones por encima de las convicciones. Desafía a quienes se han dejado cautivar por los sentimientos y han rebajado de categoría el pensamiento lúcido.

Tendencias como estas han diezmado a la iglesia. Lo que hoy se considera cristianismo ha llegado a ser excesivamente tolerante con las aberraciones que se enseñan, negligente con las Escrituras y reacio a criticar cualquier cosa. Se han descartado la claridad doctrinal y la convicción. El discernimiento y el juicio han empezado a considerarse palabras obscenas.

De hecho, mucha gente justifica su falta de discernimiento considerándola una magnanimidad caritativa hacia aquellos que difieren, y a menudo el discernimiento se percibe como una actitud malevolente.

Debemos ser amables siempre, pero no podemos aprobar la falsa enseñanza. Recuerde lo que escribió Juan, el apóstol del amor:

> *Cualquiera que se extravía, y no persevera en la doctrina de Cristo, no tiene a Dios; el que persevera en la doctrina de Cristo, ése sí tiene al Padre y al Hijo. Si alguno viene a vosotros, y no trae esa doctrina*, no lo recibáis en casa, ni le digáis: ¡Bienvenido! Porque el que le dice: ¡Bienvenido! participa de sus malas obras.
>
> 2 JUAN 9-11 (ÉNFASIS AÑADIDO)

Debemos tener discernimiento. Ser tolerantes con la falsa doctrina y el error equivale a deshonrar a Dios.

¿Qué norma podemos emplear para diferenciar entre la verdad y el error? La Palabra de Dios. Pablo fue muy explícito en cuanto a esto en sus instrucciones a Timoteo:

> *Si alguno enseña otra cosa, y no se conforma a las sanas palabras de nuestro Señor Jesucristo, y a la doctrina que es conforme a la piedad, está envanecido, nada sabe, y delira acerca de cuestiones y contiendas de palabras, de las cuales nacen envidias, pleitos, blasfemias, malas sospechas, disputas necias de hombres corruptos de entendimiento y privados de la verdad, que toman la piedad como fuente de ganancia.*
>
> 1 TIMOTEO 6:3-5

Las expresiones "sanas palabras de nuestro Señor Jesucristo" y "la doctrina que es conforme a la piedad" se refieren al conjunto de la enseñanza apostólica conservada para nosotros en el Nuevo

Testamento. En los tiempos de Timoteo muchos estaban enseñando que la verdad se podía reconocer de manera intuitiva (misticismo) o mediante alguna iluminación sobrenatural (gnosticismo). Pablo afirmaba que la única verdad necesaria para los cristianos era la verdad revelada por Dios en su Palabra.

Esto, hoy día, sigue siendo una realidad, aunque muchos traten aún de encontrar alguna verdad más profunda y secreta en diversas fuentes. No hay un indicador preciso de la verdad aparte de la Palabra de Dios, y debemos examinar diligentemente todas las cosas a la luz de las Escrituras.

RETENGA LO BUENO

"Retened lo bueno" es la segunda mitad de la amonestación de Pablo en 1 Tesalonicenses 5:21, y nos recuerda Romanos 12:9: "Aborreced lo malo, seguid lo bueno". Puede que parezca simple sentido común que los cristianos retengan lo bueno. Sin embargo, Pablo reitera a menudo la misma petición en sus escritos. Como la Iglesia ha demostrado tantas veces de manera trágica a lo largo de los siglos, resulta demasiado fácil bajar la guardia y soltar la preciosa verdad bíblica. Debemos defendernos diligentemente contra esto.

Pablo también escribió: "Oh Timoteo, guarda lo que se te ha encomendado" (1 Ti. 6:20), y añadió una amonestación semejante en su segunda epístola: "Retén la forma de las sanas palabras que de mí oíste, en la fe y amor que es en Cristo Jesús. Guarda el buen depósito por el Espíritu Santo que mora en nosotros" (2 Ti. 1:13-14).

Retener la verdad es como guardar un tesoro. Requiere una postura militante contra cualquier persona influyente que quiera arrebatárnoslo. Hay demasiados cristianos que han estado dispuestos a hacer las paces con los enemigos de la verdad, y el resultado ha sido unas pérdidas devastadoras para el tesoro de la doctrina auténtica. El Oscurantismo fue el fruto amargo de una iglesia que había abandonado la verdad bíblica por las vanas tradiciones de los malos hombres. A principios del siglo XX, muchas iglesias de Europa y Norteamérica renunciaron a la verdad de las

Escrituras en pro de una estéril teología liberal. Una y otra vez el pueblo de Dios ha fracasado en preservar la verdad, y siempre ha pagado un doloroso precio. Debemos proteger la verdad como un tesoro preciado. En nuestros días, el pragmatismo, el sensacionalismo, la corrupción moral, el emocionalismo, la unidad ficticia del ecumenismo y un sinfín de otras influencias más, han lanzado un ataque sin precedentes contra la verdad. Hoy, más que nunca, necesitamos resistir. Retener la verdad es una de las características esenciales del verdadero cristiano. El autor de Hebreos destaca esto reiteradamente: "Antes exhortaos los unos a los otros cada día, entre tanto que se dice: Hoy; para que ninguno de vosotros se endurezca por el engaño del pecado. Porque somos hechos participantes de Cristo, con tal que retengamos firme hasta el fin nuestra confianza del principio" (He. 3:13-14). Y más tarde añade: "Mantengamos firme, sin fluctuar, la profesión de nuestra esperanza, porque fiel es el que prometió. Y considerémonos unos a otros para estimularnos al amor y a las buenas obras; no dejando de congregarnos, como algunos tienen por costumbre, sino exhortándonos; y tanto más, cuanto veis que aquel día se acerca" (He. 10:23-25).

El día se está acercando. El paso del tiempo solo realza la importancia de retener la sana doctrina. Pablo le dijo a Timoteo que llegará el día cuando los hombres no soportarán la sana doctrina, "sino que teniendo comezón de oír, se amontonarán maestros conforme a sus propias concupiscencias, y apartarán de la verdad el oído y se volverán a las fábulas" (2 Ti. 4:3-4). Esto está sucediendo ante nuestros propios ojos. ¿Y cuál es el remedio? Pablo le dijo a Timoteo: "[Predica] la palabra; [insta] a tiempo y fuera de tiempo; redarguye, reprende, exhorta con toda paciencia y doctrina" (v. 2). Queremos ser hallados fieles.

APÁRTESE DE LO MALO

"Absteneos de toda especie de mal" (1 Ts. 5:22) es el tercer aspecto de la llamada del apóstol a ejercer discernimiento. La palabra traducida "absteneos" representa a un verbo muy enérgico que significa "mantenerse apartado". Subraya la total separación que debe haber entre el creyente y el mal, tanto en la enseñanza como en el comportamiento. Cuando vemos algo que es perverso, falso y erróneo, ¡debemos evitarlo! El término traducido "mal" en este versículo significa "dañino, injurioso, maligno". Se refiere a algo mortalmente venenoso. Como ya hemos visto, Pablo parece estar hablando aquí, principalmente, de la perversión de la verdad, de las mentiras espirituales y de la enseñanza falsa. Naturalmente, incluida en el precepto del apóstol está la idea de que deberíamos evitar toda conducta moral que sea perversa: "Absteneos de toda especie de mal". Hemos de rechazar el mal bajo cualquiera de sus formas. Pero la esencia del mensaje de Pablo es advertirnos contra las corrupciones de la verdad.

No hay nada en las Escrituras que nos permita exponernos a lo que no es verdadero. Debemos estar plenamente separados de toda suerte de mal. ¿Significa eso que los cristianos tendríamos que ser ingenuos? En cierto modo, sí. El apóstol escribe a los romanos: "Quiero que seáis sabios para el bien, e ingenuos para el mal" (Ro. 16:19). No se pretende que nos hagamos expertos en la maldad. Algunas personas suscriben la idea de que la manera más eficiente de oponerse a la enseñanza falsa y al error es estudiándolos, conociéndolos a fondo y luego rebatiéndolos. Yo no lo creo así. Podemos refutar la doctrina errónea de manera mucho más eficaz siendo expertos en la verdad. La verdad es el contrincante más poderoso del error, así como el bien es el adversario más eficiente de la maldad. Pablo estaba insinuando esto cuando dijo: "No seas vencido de lo malo, sino vence con el bien el mal" (Ro. 12:21).

Cuando el FBI adiestra a sus agentes para que reconozcan el dinero falsificado les hace estudiar el verdadero. Los futuros agentes pasan meses aprendiendo los detalles del grabado de los dólares reales. Solo estando bien familiarizados con los billetes auténticos podrán reconocer inmediatamente los falsos.

Lo mismo pasa en el terreno espiritual: la mejor forma de refutar el error consiste en conocer y proclamar la verdad. Pablo se refería a esto cuando enseñó a Tito sobre cómo escoger a los ancianos. Un anciano —dijo el apóstol— debe ser alguien que retenga "la palabra ficl tal como ha sido enseñada, para que también pueda exhortar con sana enseñanza y convencer a los que contradicen" (Tit. 1:9). Solo aquellos expertos en predicar la verdad podrán rebatir el error con eficacia.

Observe que una de las tareas de los ancianos era refutar el error. Aunque puede que esto no esté de moda en la sociedad actual, constituye un aspecto necesario del papel de todo dirigente espiritual. Los ancianos deben ser capaces de impugnar los errores doctrinales a fin de que quienes no tienen la madurez suficiente no tropiecen en ellos. Dios ha ordenado este papel en el liderazgo para mantener pura a su Iglesia. No podemos renunciar a nuestra responsabilidad.

¿Hasta qué punto es importante el discernimiento? Constituye el rasgo por excelencia de la madurez espiritual: "El alimento sólido es para los que han alcanzado madurez, para los que por el uso tienen los sentidos ejercitados en el discernimiento del bien y del mal" (He. 5:14). Mientras persigue usted el crecimiento espiritual, permita que la Palabra de Dios controle su corazón y su mente, y pídale al Señor que le ayude a tener buen juicio para poder discernir.

¿Quién es sabio para que entienda esto, y prudente para que lo sepa? Porque los caminos de Jehová son rectos, y los justos andarán por ellos; mas los rebeldes caerán en ellos.

OSEAS 14:9

Y esto pido en oración: que vuestro amor abunde aún más y más en conocimiento verdadero y en todo discernimiento.

FILIPENSES 1:9, LBLA

NOTAS

Capítulo 1
La llave maestra: Presuposición

1. Para una defensa de la suficiencia de las Escrituras, véase John MacArthur, Jr., *Our Sufficiency in Christ* (Dallas: Word Books, 1991; Wheaton, Ill.: Crossway Books, 1998). Y para una defensa de la inspiración y fiabilidad de la Biblia, véase Norman L. Geisler y William E. Nix, *A General Introduction to the Bible* (Chicago: Moody Press, 1986).

Capítulo 4
La obediencia: La apertura de las habitaciones de los criados

1. Para un estudio minucioso de este tema, véase John F. MacArthur, Jr., *El Evangelio según Jesucristo* (El Paso, Tex.: Casa Bautista de Publicaciones, 2003).
2. "Noah's Faith, Fear, Obedience, and Salvation", *The Metropolitan Tabernacle Pulpit* (1890; Pasadena, Tex.: Pilgrim Publications, 1974, reimpresión), 36:303.

Capítulo 5
La llenura del Espíritu: La apertura de la central de energía

1. John MacArthur, Jr., *Found: God's Will* [*La voluntad de Dios*] (Wheaton, Ill.: Victor Books, 1977), pp. 21-22. Publicado en español por Editorial Mundo Hispano.

Capítulo 8
La oración: La apertura del lugar santísimo

1. Para un tratamiento pormenorizado de la suficiencia espiritual del cristiano, véase John MacArthur, Jr., *Our Sufficiency in Christ* (Dallas: Word Books, 1991; Wheaton, Ill.: Crossway Books, 1998).

Capítulo 11
La comunión con los hermanos: La apertura del sala

1. Millard J. Erickson, *Concise Dictionary of Christian Theology* (Grand Rapids, Mich.: Baker, 1986), p. 140.

2. Walter E. Elwell, ed., *Baker Encyclopedia of the Bible* (Grand Rapids, Mich.: Baker, 1988), 2:1252.

3. Louis Berkhof, *Systematic Theology* [*Teología sistemática*] (Grand Rapids, Mich.: William B. Eerdmans, 1981), p. 469. Publicado en español por Libros Desafío.

4. Para un tratamiento de los dones espirituales, véase John MacArthur, *Los carismáticos* (El Paso, Tex.: Casa Bautista de Publicaciones, 1994).

Capítulo 12
El testimonio: La apertura del cuarto de los niños

1. Gene A. Getz, *Sharpening the Focus of the Church* [*Refinemos la perspectiva de la iglesia*] (Chicago: Moody Press, 1974), p. 41. Publicado en español por Editorial Caribe.

2. Para un tratamiento más amplio del tema y de otras cuestiones relacionadas con el evangelismo, véase John MacArthur, *Nada más que la verdad* (Grand Rapids, Mich.: Editorial Portavoz, 2013), especialmente pp. 155-180.

Capítulo 13
El discernimiento: El cierre de la puerta de entrada

1. Para un estudio en profundidad del tema del discernimiento, véase John MacArthur, *Reckless Faith* (Wheaton, Ill.: Crossway Books, 1994).

EDITORIAL PORTAVOZ

NUESTRA VISIÓN

Maximizar el efecto de recursos cristianos de calidad que transforman vidas.

NUESTRA MISIÓN

Desarrollar y distribuir productos de calidad —con integridad y excelencia—, desde una perspectiva bíblica y confiable, que animen a las personas a conocer y servir a Jesucristo.

NUESTROS VALORES

Nuestros valores se encuentran fundamentados en la Biblia, fuente de toda verdad para hoy y para siempre. Nosotros ponemos en práctica estas verdades bíblicas como fundamento para las decisiones, normas y productos de nuestra compañía.

Valoramos la excelencia y la calidad
Valoramos la integridad y la confianza
Valoramos el mérito y la dignidad de los individuos y las relaciones
Valoramos el servicio
Valoramos la administración de los recursos

Para más información acerca de nuestra editorial y los productos que publicamos visite nuestra página en la red: www.portavoz.com